Passeport

N°1 des cahiers de vacances

W0337532

Toutes les matières

de la 5e à la 4e

Français
Isabelle de LISLE

Maths
Philippe ROUSSEAU

Anglais
Marie-Françoise DRÉANO
Sylvie LE BOUR

Histoire
Pierre REYNAUD

Géographie
Catherine REYNAUD

SVT
Louis GIRARD

Physique-Chimie
Bernard DOLLET

hachette
ÉDUCATION

Bienvenue dans ton Passeport
Toutes les matières de la 5e à la 4e !

Afin de rendre tes révisions de vacances aussi efficaces qu'agréables, nous avons conçu pour toi un programme de révision complet de ton année, en dix séquences où alternent des pages de révision dans les différentes matières. Tu trouveras **la description d'une séquence type en page 4** et **le menu de chaque séquence** en te reportant aux pages indiquées ici :

Mais si tu désires revoir des **thèmes particuliers du programme**, sans suivre l'ordre des séquences, tu auras besoin du sommaire ci-dessous, classé par matières.

Avec tous les corrigés détaillés, dans le livret DÉTACHABLE

Sommaire des notions révisées

FRANÇAIS

ISBN : 978-2-01-160816-1

www.hachette-education.com

MATHS

ANGLAIS

HISTOIRE

GÉOGRAPHIE

SVT

PHYSIQUE-CHIMIE

Séquence, mode d'emploi

Avec tous les corrigés détaillés, dans le livret **DÉTACHABLE**

Chaque séquence de ton Passeport comprend :

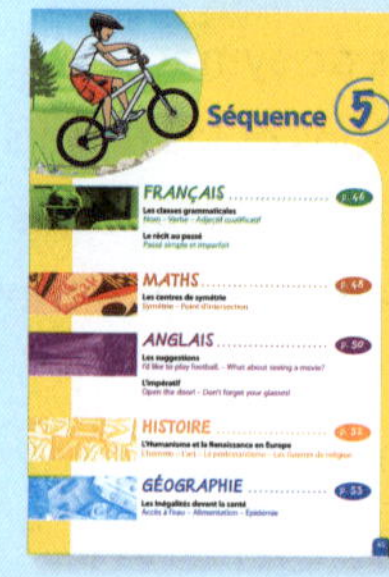

UNE PAGE D'OUVERTURE qui présente :

- **un sommaire** de la séquence ;
- **les notions révisées** dans la séquence, illustrées par quelques exemples.

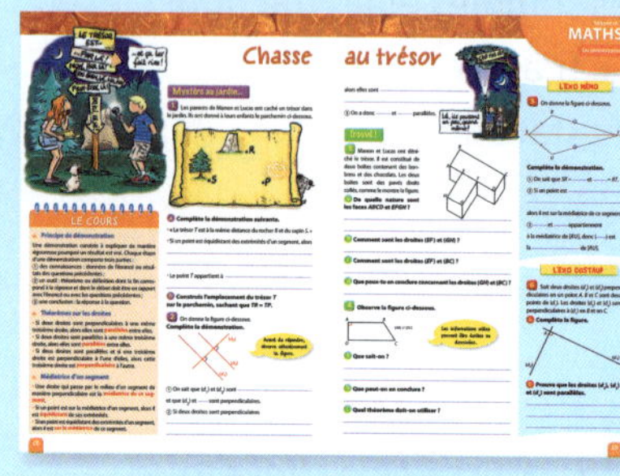

LES PAGES DE RÉVISION avec, **pour chaque matière :**

- **un rappel de cours structuré**, illustré par de nombreux exemples ;
- **des exercices progressifs**, pour bien s'entraîner.

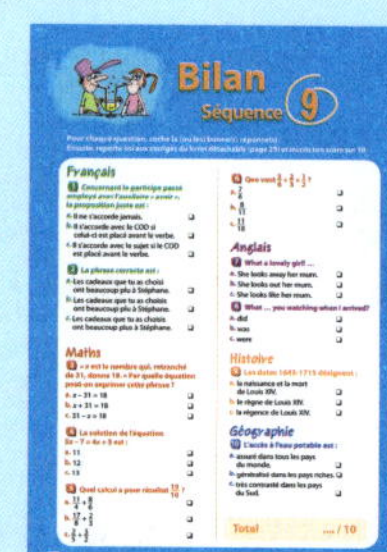

UN BILAN proposant 10 QCM pour vérifier que tu as bien retenu l'essentiel de la séquence.

Crédits photographiques :

p. 10 : © Howard Grey/Getty ; **p. 11 : a. :** © Shutterstock/bokicbo ; **b. :** © Shutterstock/Kevin R. Williams ; **c. :** © Shutterstock/okicoki ; **d. :** © Shutterstock/Arcady ; **p. 30 :** © Andy Murch/visual and Written/Biosphoto ; **p. 40 :** © PT images/Tetra Images/Corbis ; **p. 52 :** © Bridgeman-Giraudon ; **p. 56 :** traces ovni : © Parker David/S.P.L. – Cosmos ; soucoupes : © Secret Side – Fotolia.com ; **p. 60 :** © Pierre Balzeaux/Rapho ; **p. 61 :** © Gustavo Tomsich/Corbis ; **p. 72 :** © Neil Rabinowitz/Corbis ; **p. 78 : hg :** © gb27photo – Fotolia.com ; **hd :** © Stock.xchng ; **bg :** © Hachette ; **bd :** © Richard Villalon – Fotolia.com ; **p. 102 : haut et bas :** © Warner Bros Pictures France/Collection Christophel ; **p. 108 :** © Kamaga – Fotolia.com ; **p. 110 :** © Louis Girard.

Bandeaux en haut de page : © Stock.xchng ; sauf mention spéciale : **pp. 10-11 :** © Alexander Wallnöfer – Stock.xchng ; **p. 12 :** © Jennifer Stone/shutterstock ; **pp. 16-17 :** © Leslie Watts – Stock.xchng ; **pp. 20-21 :** © Diana Myrndorff – Stock.xchng ; **p. 22 :** © Igor Kovalchuk/Shutterstock ; **pp. 26-27 :** © morgueFile ; **pp. 30-31 :** © Mark Lewis – Stock.xchng ; **pp. 40-41 :** © Khalus Ivan/Ove Topfer/Andrzej Gdula/mihow/Michael Faes – Stock.xchng ; **p. 43 :** © Wutthichai/Shutterstock ; **pp. 50-51 :** © John Boyer – Stock.xchng ; **p. 52 :** © Sebastiann Duda/Shutterstock ; **pp. 60-61 :** © B S K – Stock.xchng ; **p. 63 :** © Vudhikrai/Shutterstock ; **pp. 66-67 :** © gladcov/Shutterstock ; **pp. 72-73 :** © Sasha Davas – Stock.xchng ; **p. 74 :** © Triff/Shutterstock ; **p. 75 :** © Jim Lopes/Shutterstock ; **pp. 80-81 :** © Penny Matthews – Stock.xchng ; **pp. 84-85 :** © Hady Onaissi – Stock.xchng ; **p. 87 :** © Stock.xchng – Stefan Wogrin ; **pp. 96-97 :** © magicmarie – Stock.xchng ; **p. 98 :** © Tom Payne/Shutterstock ; **p. 99 :** © Konkolas/Shutterstock ; **pp. 108-109 :** © Martine Lemmens – Stock.xchng.

COUVERTURE
Conception graphique : **Karine Nayé**
Photographie : © **Michael Hall/Getty Images**

INTÉRIEUR
Réalisation PAO : Médiamax et **Lasergraphie**
Illustrations : **Étienne Jung** (français)
Dominique Fages (maths)
Johanna Crainmark (anglais)
Pierre Botherel (histoire/géographie/SVT)
Laurent Berset (ouvertures de séquences)

Séquence 1

Agence

Matt, qui cherche un travail pour l'été, est reçu par le directeur d'une agence de détectives privés.

– Évidemment, redoublant, ce n'est pas brillant. Mais je ne vous engage pas pour votre Q.I. Ce dont j'ai besoin, c'est d'un garçon travailleur et débrouillard. Vous êtes débrouillard, Matt ?

– Je crois, m'sieur.

– À la bonne heure. Mon assistante vous expliquera en quoi consiste votre travail. Esprit d'initiative, ponctualité, assiduité, voilà ce que j'attends de vous. Quand pouvez-vous commencer ?

– Quand vous voulez, m'sieur.

– Dans ce cas, demain matin, neuf heures trente précises. Ah, jeune homme, encore une chose…

M. Pertinax se renverse dans son fauteuil, croisant les doigts à hauteur de son nœud papillon.

– N'allez surtout pas vous faire des idées erronées. La vie d'un détective n'a rien à voir avec un feuilleton américain. Le mystère, l'aventure, le danger… J'y ai cru, moi aussi, lorsque j'avais seize ans. Regardez-moi, Matt : est-ce que j'ai l'air d'avoir une existence exaltante et dangereuse ?

– Non, m'sieur.

[…]

Par chance, l'entretien a l'air d'être terminé.

[…]

– À propos, Matt, il me lance à l'instant où je quitte son bureau. Changez donc de veste. Celle-là n'est pas du tout votre genre.

La blonde du secrétariat glisse un coin de lunettes par-dessus son écran.

– Alors, engagé ?

– Ben oui, ça y est.

À vrai dire, je n'ose pas encore y croire. J'ai un boulot pour l'été, et dans une agence de détectives… La tête me tourne un peu. Quand mes copains vont apprendre ça !

– Félicitations, dit la blonde avec un sourire qui me renverse. Bienvenue à l'agence Pertinax !

Et, se dressant sur la pointe des pieds, elle me colle sur la joue un de ces baisers sonores qui tuent leur homme à dix pas. Je me sens vaciller : trouver un boulot et tomber amoureux le même jour, c'est vraiment trop pour moi.

Jean-Philippe Arrou-Vignod,
Agence Pertinax, © Éditions Gallimard Jeunesse.

Lecture et compréhension

1 Vrai ou faux ? Coche la bonne case.

	Vrai	Faux
a. Matt est un élève brillant.	☐	☐
b. Matt doit commencer tout de suite sa première mission.	☐	☐
c. La secrétaire est plus petite que Matt.	☐	☐
d. Matt n'apprécie pas la secrétaire.	☐	☐
e. Matt ne doit pas porter de veste.	☐	☐

2 Quels sont les deux événements qui marquent la journée de Matt ?

Deux événements marquent la journée de Matt : d'abord ……………………………………………………………

……………………………………………………, *ensuite* ……………………………………………………………

Pertinax

Vocabulaire

3 Relève dans le texte les synonymes des mots ou expressions suivants.

a. le fait d'être à l'heure : ....

b. le fait d'être régulièrement présent : ....

c. fausses : ....

d. enthousiasmante : ....

e. embauché : ....

4 Parmi ces mots ou expressions, lesquels sont susceptibles de « *vaciller* » (l. 43) ?

a. le soleil ☐ d. un château de cartes ☐
b. la mer ☐ e. les étoiles ☐
c. un drapeau ☐ f. la flamme d'une bougie ☐

5 Quels adjectifs correspondent aux mots *ponctualité* et *assiduité* ?

....

LE COURS

Les homophones grammaticaux

Il ne faut pas confondre **a**/**à**, **ou**/**où**, **ce**/**se**/**ceux** :
Ce : déterminant démonstratif devant un nom, pronom démonstratif devant « qui », « que »… ou le verbe « être ».
Se : pronom personnel devant un verbe.
Ceux : pronom démonstratif pluriel.

Ex. Il **a** *(avait)* appris **à** (*préposition*) enquêter.
Où est mon dossier ? Dans le tiroir **ou** (*ou bien*) sur le bureau ?
Ce livre **se** lit facilement ; **ce** sera toi le détective ; que **ceux** qui ne sont pas d'accord le disent.

Le présent de l'indicatif

1er groupe + quelques verbes du 3e groupe comme *offrir*, *cueillir*…	2e groupe	3e groupe		
		Type tenir	Type prendre Verbes en -dre (sauf quelques exceptions) **	Type pouvoir *Vouloir*, *valoir* et *pouvoir*
je crie*	je finis	je tiens	je prends	je peux
tu cries	tu finis	tu tiens	tu prends	tu peux
il crie	il finit	il tient	il prend	il peut
nous crions	nous finissons	nous tenons	nous prenons	nous pouvons
vous criez	vous finissez	vous tenez	vous prenez	vous pouvez
ils crient	ils finissent	ils tiennent	ils prennent	ils peuvent

* Pour certains verbes, le **-e** est muet ! Ne l'oublie pas !
** Les verbes en **-indre** (craindre, peindre…) et **-soudre** (résoudre) suivent le modèle de « tenir ».

Orthographe

6 Complète le texte par *a, à, ou, où, ce, se, ceux*.

.... qui ont choisi .... métier de détective .... sont lancés dans un travail dangereux ; mais .... n'est pas .... Matt d'entreprendre les filatures .... de relever les empreintes. M. Pertinax lui .... seulement demandé de trier les dossiers .... sont notées les enquêtes.

Conjugaison

7 Écris les verbes suivants au présent de l'indicatif sans changer la personne.

a. je distribuais : ....

b. il répondra : ....

c. tu as trié : ....

d. ils vinrent : ....

e. je voudrai : ....

Au

LE COURS

Priorités des opérations

Pour calculer une expression comportant plusieurs opérations, il faut respecter les **priorités** dans l'ordre suivant :
① calculs dans les parenthèses,
② puis les multiplications et les divisions dans l'ordre d'écriture,
③ et, enfin, les additions et les soustractions dans l'ordre d'écriture.

Ex. Pour calculer $7 \times 5 - 3 \times 4$, on commence par effectuer les deux produits avant de calculer la différence.
On a : $7 \times 5 - 3 \times 4 = 35 - 12 = 23$.

Distributivité

Soit a, b et c trois nombres ; on a :
$ac + bc = (a + b)c$ et $ac - bc = (a - b)c$.

• Passer de l'expression de gauche à celle de droite, c'est **factoriser**.
Cela peut servir à réduire les sommes ou les différences en calcul littéral (avec des lettres).

Ex. Pour calculer $52{,}3 \times 11 - 2{,}3 \times 11$, on peut factoriser en faisant :
$52{,}3 \times 11 - 2{,}3 \times 11 = (52{,}3 - 2{,}3) \times 11$
$= 50 \times 11 = 550$.

• Passer de l'expression de droite à celle de gauche, c'est **développer**.

Ex. Pour calculer 34×7, on peut développer en faisant :
$34 \times 7 = (30 + 4) \times 7 = 30 \times 7 + 4 \times 7$
$= 210 + 28 = 238$.

C'est combien ?

1 Quel dommage ! C'est le premier jour des vacances et il pleut… Pour occuper leur après-midi, Manon et Lucas ont invité trois amis à une séance au cinéma.
Le prix normal d'une place est 6,90 euros.

a Pour calculer le prix total des entrées, Manon se dit que $6{,}90 = 6 + 0{,}90$.

Complète le calcul de Manon.

$6{,}90 \times 5 = (6 + 0{,}90) \times 5 =$ ....

....

b Lucas, lui, préfère considérer que $6{,}90 = 7 - 0{,}10$.

Complète le calcul de Lucas et vérifie qu'il obtient le même résultat que Manon.

$6{,}90 \times 5 = ($.......... $-$ ....$) \times 5 =$ ....

....

2 **Respecte les priorités et effectue les calculs suivants.**

- $7 + 2 \times 5 =$ ....
- $45 - 6 - 2 =$ ....
- $4 \times 5 + 3 =$ ....
- $42 - 6 \times 3 + 8 =$ ....

3 **Effectue les calculs suivants.**

- $(7 + 2) \times 5 =$ ....
- $45 - (6 - 2) =$ ....
- $4 \times (5 + 3) =$ ....
- $(42 - 6) \times 3 + 8 =$ ....

4 **Effectue les calculs et donne le résultat sous forme d'une fraction simplifiée.**

Une barre de fraction, c'est comme si le numérateur et le dénominateur étaient entre parenthèses !

a $\dfrac{12}{17 + 3} =$ ....

b $\dfrac{7 + 8}{7 + 23} =$ ....

cinéma

Bonne surprise !

5 Manon, Lucas et leurs trois amis sont arrivés au cinéma avec le compte juste pour les cinq places à 6,90 euros. Ils ont de la chance : aujourd'hui, c'est tarif réduit et l'entrée est à 5 euros !

Complète les calculs de Manon et de Lucas et trouve le montant économisé.

a Calcul de Manon :

$6{,}90 \times 5 -$ .... $\times 5 =$ .... $-$ .... $=$ ....

b Calcul de Lucas :

(.......... $-$ ....) $\times$ .... $=$ .... $\times 5 =$ ....

6 **Factorise, puis effectue les calculs.**

Un exemple :
$97 \times 73 + 3 \times 73$
$= (97 + 3) \times 73$
$= 100 \times 73$
$= 7\ 300.$

- $105{,}1 \times 7 - 5{,}1 \times 7 =$ ....
- $9{,}93 \times 52 + 0{,}07 \times 52 =$ ....
- $13 \times 47 + 13 \times 53 =$ ....

7 **Développe, puis effectue les calculs.**

Un exemple :
$(100 + 3) \times 25$
$= 100 \times 25 + 3 \times 25$
$= 2\ 500 + 75$
$= 2\ 575.$

- $(100 + 3) \times 22 =$ ....
- $(1\ 000 - 10) \times 17 =$ ....

8 **Calcule en utilisant la distributivité.**

Un exemple :
99×23
$= (100 - 1) \times 23$
$= 100 \times 23 - 1 \times 23$
$= 2\ 300 - 23$
$= 2\ 277.$

- $98 \times 5 =$ ....
- $103 \times 12 =$ ....

L'EXO RIGOLO

9 **a** Une ficelle bleue fait le tour d'un ballon de foot de 0,4 m de rayon. Lucas agrandit la ficelle bleue à l'aide d'une ficelle verte et il fait un cercle à 1 m autour du ballon.

- **Calcule la longueur de la ficelle bleue en fonction de π.**

Périmètre d'un cercle de rayon r : $2 \times \pi \times r$.

....

- **Calcule la longueur de la ficelle rallongée.**

....

- **Déduis-en la longueur de la ficelle verte en fonction de π.**

....

b Une ficelle rouge fait le tour de la Terre de rayon r. Lucas agrandit la ficelle rouge à l'aide d'une ficelle noire en faisant un cercle à 1 m autour de la Terre.

Montre que la ficelle noire a la même longueur que la verte.

....

L'EXO COSTAUD

10 **Ajoute des parenthèses pour obtenir des égalités justes.**

- $9 + 8 \times 10 - 4 \div 2 = 33.$
- $9 + 8 \times 10 - 4 \div 2 = 136.$
- $9 + 8 \times 10 - 4 \div 2 = 47.$
- $9 + 8 \times 10 - 4 \div 2 = 51.$

Before

Amy – Look at the sign, Rob! Before taking off[1], you must fasten[2] your seatbelt[3] now!

Air hostess – Quite right! And you can't keep this bag, Miss. It's much too big. You must put it in the locker[4] overhead[5].

Rob – Can I keep my video games?

Air hostess – Of course, you can! You don't have to put them away. But don't forget, you two! You mustn't use your mobile phone during the flight[6]!

Rob – Ha, ha! She can't phone her boyfriend!

---

1. **to take off :** *décoller.* 2. **to fasten :** *attacher.*
3. **a seatbelt :** *une ceinture de sécurité.*
4. **a locker :** *un compartiment à bagages.*
5. **overhead :** *au-dessus de sa tête.*
6. **a flight :** *un vol.*

Comprendre

1 Lis le texte et entoure la bonne réponse.

a. Amy and Rob are on a bus.	**Vrai**	**Faux**
b. Amy's bag is in the locker.	**Vrai**	**Faux**
c. Rob can play his video games.	**Vrai**	**Faux**
d. Rob can phone his friends.	**Vrai**	**Faux**

2 Barre le mot qui ne convient pas pour terminer la phrase.

a. Amy is with her	brother.	boyfriend.
b. Rob wants to play	cards.	video games.
c. Amy has got a big	hat.	bag.

3 Complète les phrases avec l'un des verbes des « Mots et expressions », pour indiquer le moyen de transport utilisé. (Plusieurs verbes sont possibles.)

a. You can't .... from London to the USA!

b. You must .... on a plane or .... on a liner if you have plenty of time.

c. In Louisiana, there are lots of little roads you can .... on! But you must hire a bike!

Mots et expressions

Se déplacer

to travel *voyager*
to walk *aller à pied*
to drive *aller en voiture, conduire*
to ride *aller à vélo/moto/cheval*
to sail *aller en bateau*
to fly *aller en avion*
to take a coach *prendre un car*
to hire *louer*

taking off

S'entraîner

4 Observe les panneaux et écris ce qu'il est possible ou interdit de faire sur cette plage, en utilisant les verbes de la liste ci-dessous.

have your picnic – go swimming – dive – litter

a.

b.

c.

d.

a. ....

b. ....

c. ....

d. ....

5 Complète les phrases en employant *must* ou *mustn't*.

a. Don't go out without your hat! You .... put it on!

b. Trees are fragile; you .... break branches.

c. You .... make a fire in the forest. It is dangerous!

d. Don't play your MP3 player too loud! You .... respect the other people on the beach.

LE COURS

Can

- ***Can*** est utilisé pour exprimer ce que l'on sait faire ou ce que l'on peut faire.

> ***Ex.*** I **can swim** very well and I **can surf** a little. My brother **can't surf** at all.
> *Je sais très bien nager et je sais un peu surfer. Mon frère ne sait pas surfer du tout.*

- ***Can*** est aussi utilisé pour demander une permission.

> ***Ex.*** **Can** I **go** with you? Of course, you **can**!
> *Puis-je aller avec toi ? Bien sûr, tu peux !*

Must

- ***Must*** exprime une obligation.

> ***Ex.*** You **must** always **be** polite. *Tu dois toujours être poli(e). Il faut que tu sois toujours poli(e).*

- À la forme négative ***mustn't (must not)*** exprime une interdiction.

> ***Ex.*** Grown-ups **mustn't smoke** in restaurants.
> *Les adultes ne doivent pas fumer dans les restaurants.*

Don't have to / doesn't have to

On emploie ***don't have to*** / ***doesn't have to*** pour parler de ce qui est permis mais pas nécessaire.

> ***Ex.*** Carol **doesn't have to read** all the plays by Shakespeare to go to 7th grade (**but she can read them if she wants to**). *Carol n'a pas besoin de lire toutes les pièces de Shakespeare pour passer en 4e (mais elle peut les lire si elle le veut).*

6 Relie par des flèches ce qui est nécessaire, inutile ou conseillé pour préparer ton départ en vacances.

I must •	• put my sunglasses in my bag.
	• pack shorts and T-shirts.
I mustn't •	• take my calculator.
	• forget my toothbrush.
I don't have to •	• leave my camera at home.
	• get organized for my dog (or my cat).

Les débuts de l'islam

LE COURS

Le prophète Mahomet

Mahomet naît vers 570 ap. J.-C., à **La Mecque**, au cœur de la péninsule arabique. En 612, à la suite d'une vision, il commence à prêcher l'**islam**, l'obéissance à un dieu unique : **Allah**. En **622**, il doit fuir La Mecque pour se réfugier à Médine : c'est l'**Hégire** (« émigration »). Cette date est le point de départ du calendrier musulman. À sa mort, en 632, toute l'Arabie est convertie à la nouvelle religion.

L'islam

Le prophète Mahomet affirme que Dieu parle par sa bouche. Ses paroles seront rassemblées plus tard dans le **Coran**. Les croyants doivent respecter cinq obligations : réciter la profession de foi, prier cinq fois par jour, jeûner le jour pendant le mois de ramadan, faire l'aumône et se rendre en pèlerinage à La Mecque une fois dans leur vie. Grâce au **djihad**, la « guerre sainte », les Arabes conquièrent un immense empire sous la direction du **calife**, successeur du Prophète. Ils sont stoppés en 717 devant Byzance et en 732 à Poitiers. Bientôt, l'Empire se divise en plusieurs califats.

La civilisation musulmane

La civilisation musulmane s'épanouit dans les villes et notamment les grandes capitales politiques, commerciales et culturelles : **Damas**, **Bagdad**, **Cordoue**, **Le Caire**. Les princes favorisent le développement de l'art et de la culture autour des mosquées et de leurs palais. Ils créent de grandes bibliothèques et des écoles où les savants enseignent la religion, le droit, les mathématiques, l'algèbre, la médecine, et aussi la philosophie grecque, la poésie, la géographie et l'histoire.

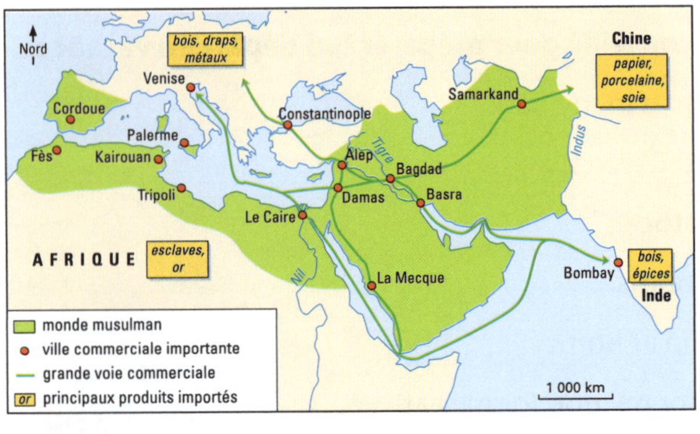

1 **Indique les 5 devoirs du croyant.**

....

....

....

2 **Trace le trajet d'al-Idrissi et complète les légendes après avoir lu le texte.**

Après l'appel à la prière du muezzin en haut du **minaret**, al-Idrissi entre dans la cour (porte A). Il va se purifier à la **fontaine** puis va saluer des amis dans le **péristyle**, la colonnade qui entoure la cour. Il enlève ses souliers et entre dans la salle de prière. Il se place en face du **mihrab**, la niche qui indique la direction de La Mecque, et écoute l'imam lire le Coran du haut de sa chaire, le **minbar**.

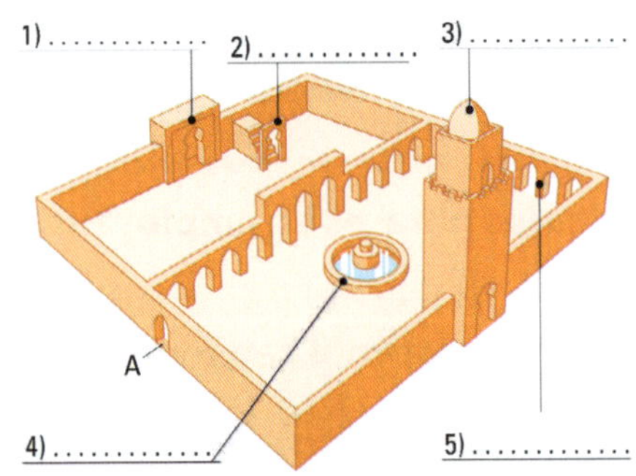

3 **Lis la carte, à gauche ci-dessous.**

a. Quelles parties du monde sont islamisées au IXe s. ap. J.-C. ?

....

b. Quelles parties du monde le commerce arabe met-il en relation ?

....

....

c. Quels produits sont achetés aux commerçants arabes ?

....

....

Le développement durable

1 **Inscris chaque mot dans la case correspondante du schéma :**
viable – équitable – vivable

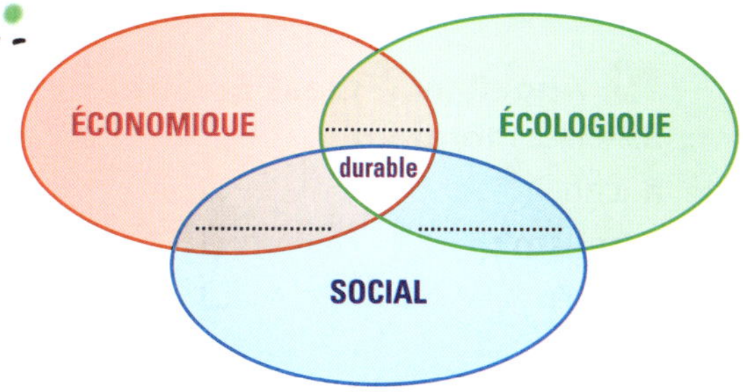

2 **Réponds aux questions sur les déchets.**

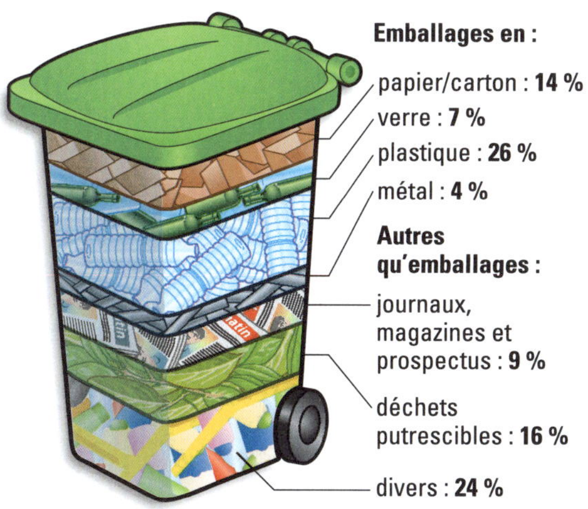

Chaque Français produit 350 kg de déchets ménagers par an.

a. De quoi est formée la plus grande partie de ces déchets ?

....

....

b. Quels sont les déchets recyclables ?

....

c. Pourquoi les plastiques sont-ils nuisibles à l'environnement ?

....

d. Que faire pour diminuer l'usage des sacs en plastique ?

....

LE COURS

Qu'est-ce que le développement durable ?

Le développement durable est défini par l'ONU comme la capacité des sociétés à **répondre à leurs besoins sans compromettre l'avenir** des générations futures. Cette conception du développement insiste sur la nécessité de prévoir les conséquences des actions humaines à moyenne et longue échéances.

Les trois dimensions du développement durable

• Le développement durable comprend trois dimensions :
– **économique** : la production et la circulation des biens et des savoirs ;
– **écologique** : le respect des ressources naturelles et de la biodiversité ;
– **sociale** : la répartition juste des richesses produites, l'accès de tous à l'eau, à la santé et à l'alimentation.

• La croissance économique ne doit pas entraîner l'épuisement des ressources naturelles et la diminution de la biodiversité. Le développement doit être **viable** et aussi **équitable** en évitant les écarts de richesse excessifs. Enfin, l'amélioration des conditions de vie doit s'accompagner de la préservation des équilibres naturels : le développement doit être **vivable**.

L'indice de développement humain (IDH)

L'IDH est un indicateur international combinant trois indices : le **niveau de vie** (revenu moyen par habitant), l'**accès à la santé** (mesuré par l'espérance de vie) et le **niveau de l'enseignement** (taux d'alphabétisation). Il sert à comparer les situations de développement des populations entre les pays.

Bilan Séquence 1

Pour chaque question, coche la (ou les) bonne(s) réponse(s).
Ensuite, reporte-toi aux corrigés du livret détachable (page 3) et inscris ton score sur 10.

Français

1 La phrase correcte est :

a. Ceux qui sont déjà en tenue vont sur le terrain. ❑

b. J'ai dû raconter à nouveau ceux que j'avais dit. ❑

c. Heureusement, se fut une victoire ! ❑

2 La forme correcte au présent de l'indicatif est :

a. Nous oubliions. ❑

b. Nous oublions. ❑

c. Nous oubliont. ❑

3 La forme correcte au présent de l'indicatif est :

a. Je voie. ❑

b. Je voit. ❑

c. Je vois. ❑

Maths

4 Que vaut $4 \times 9 - 9 \times 2 - 2$?

a. 4 ❑

b. 16 ❑

c. 36 ❑

5 Passer de l'expression $ab + ac$ à l'expression $a(b + c)$, c'est :

a. développer ❑

b. factoriser ❑

c. simplifier ❑

6 Quelle expression vaut $9\,a$?

a. $2 + 7\,a$ ❑

b. $4\,a + 5\,a$ ❑

c. $12 - 3\,a$ ❑

Anglais

7 Angelina … speak English. She is 2 months old.

a. can ❑

b. mustn't ❑

c. can't ❑

8 Children … drink whisky.

a. must ❑

b. mustn't ❑

c. don't have to ❑

Histoire

9 Le livre sacré des musulmans est :

a. la Torah. ❑

b. le Nouveau Testament. ❑

c. le Coran. ❑

Géographie

10 Un développement équitable de l'économie signifie :

a. « qui est égal pour tous ». ❑

b. « qui atténue les inégalités sociales ». ❑

c. « qui est équivalent pour tous les pays ». ❑

Total …. / 10

Séquence 2

Peurs et

Camille et Alex ont pénétré dans la Librairie du Styx, « spécialiste des peurs et des mystères ». Alex, à qui le libraire a offert un livre, donne le signal du départ.

– On vous remercie, monsieur, mais il faut vraiment qu'on parte.

[…]

Le regard d'Alex est alors attiré par l'éclat argenté d'une série de quatre livres d'un aspect moderne. Il s'arrête, incline la tête pour lire les titres, tous identiques : *Le livre dont vous êtes la victime.*

[…]

– C'est quoi ? demande-t-il au libraire.

– Quelque chose de très particulier qui n'est sûrement pas dans vos moyens.

– C'est-à-dire ?

L'étrange personnage les rejoint, saisit un exemplaire qu'il contemple longuement. Camille laisse échapper un soupir d'agacement et se retient avec peine d'intervenir.

– Celui-ci vaut les yeux de la tête, répond enfin l'homme sans paraître plaisanter.

Alex grimace un bref sourire.

– Celui-là est un peu moins cher, nous dirons qu'il ne coûte que la peau des fesses.

Cette fois, le garçon éclate de rire. Camille se contente de sourire.

– Sérieusement, ils valent combien ? interroge Alex.

Le libraire plante son regard ténébreux dans celui de l'adolescent. Ses sourcils se rapprochent insensiblement. Et d'un coup, il lâche :

– Revenez me voir quand vous aurez lu celui que je vous ai offert. Au revoir, jeune homme. Au revoir, mademoiselle. Merci de votre visite.

Il se détourne, regagne d'une démarche lente et régulière le fond de la salle, contourne le comptoir et disparaît derrière le rideau, plantant là ses deux clients décontenancés.

– Trop bizarre, ce type, murmure Alex.

– Un peu trop, renchérit Camille. Si on n'a pas quitté cette cave dans la seconde, je hurle.

Arthur Ténor,
Le livre dont vous êtes la victime © Pocket Jeunesse, un département d'Univers Poche, 2004.

Lecture et compréhension

1 **Souligne dans le texte trois passages qui montrent que Camille n'apprécie pas la librairie.**

2 **Comment s'appellent les livres qui attirent le regard d'Alex ?**

Les livres qui ……………………………………………………………………………

……………………………………………………………………………………………

Vocabulaire

3 **Relève dans le texte deux expressions familières qui veulent dire *très cher*.**

……………………………………………………………………………………………

4 **Réécris l'expression avec le verbe *planter* l. 35 en le remplaçant par un synonyme.**

……………………………………………………………………………………………

mystères

Orthographe

5 Réécris la phrase en mettant au pluriel le mot souligné et en faisant les accords nécessaires.

L'étrange <u>personnage</u> les rejoint, saisit un exemplaire qu'il contemple longuement.

....

....

....

Conjugaison

6 Complète le tableau en écrivant les verbes au présent de l'indicatif.

Infinitif	1re pers. du sing.	3e pers. du sing.	1re pers. du plur.
craindre			
entendre			
éteindre			
dissoudre			

7 Écris les verbes au présent de l'indicatif, puis du subjonctif, à la personne demandée.

a. donner *nous* .... *que nous* ....

b. faire *vous* .... *que vous* ....

c. venir *tu* .... *que tu* ....

d. avoir *il* .... *qu'il* ....

e. croire *je* .... *que je* ....

f. plier *nous* .... *que nous* ....

8 Complète en écrivant le verbe au présent de l'indicatif ou du subjonctif.

a. Tu connais la vérité et j'aimerais que tu me la (dire) ....

b. Je ne pense pas qu'il (savoir) .... mon secret et je ne veux pas qu'il l'(apprendre) ....

c. Je voudrais que tu (voir) .... ce libraire.

LE COURS

Les verbes en « -indre » et en « -soudre » au présent de l'indicatif

Les verbes en **-indre** et en **-soudre** n'ont pas les mêmes terminaisons que les autres verbes en **-dre** :

Ex. Il les **rejoint** et il leur **répond**.

rejoindre : je rejoin**s**, tu rejoin**s**, il rejoin**t**,
nous rejoi**gnons**, vous rejoi**gnez**, ils rejoi**gnent**.

dissoudre : je diss**ous**, tu dissou**s**, il dissou**t**,
nous dis**solvons**, vous dis**solvez**, ils dis**solvent**.

Le présent du subjonctif

• Le **présent du subjonctif** s'utilise principalement après des verbes de volonté ou d'obligation.

Ex. Il faut qu'on **parte**.

avoir : que j'ai**e**, que tu ai**es**, qu'il ai**t**,
que nous a**yons**, que vous a**yez**, qu'ils ai**ent**.

être : que je soi**s**, que tu soi**s**, qu'il soi**t**,
que nous so**yons**, que vous so**yez**, qu'ils soi**ent**.

• Les autres verbes ont tous les mêmes terminaisons au présent du subjonctif.

parler : que je parl**e**, que tu parl**es**, qu'il parl**e**,
que nous parl**ions**, que vous parl**iez**, qu'ils parl**ent**.

• Attention aux verbes **crier** (que je cri**e**… que nous cri**ions**) et **voir** (que je voi**e**… que nous voy**ions**).

• Quand on n'entend pas la différence, pour savoir si un verbe se met au présent de l'indicatif ou au présent du subjonctif, on le remplace par le verbe « savoir ».

Ex. Je pense que tu le croi… → Je pense que tu le **sais** (indicatif) → **crois**
Je veux que tu le croi… → Je veux que tu le **saches** (subjonctif) → **croies**

Destination :

LE COURS

Angles complémentaires

Deux **angles** sont **complémentaires** si la somme de leurs mesures vaut 90°.

Ex. Un angle de 35° et un angle de 55° sont complémentaires, car 35° + 55° = 90°.

Angles supplémentaires

Deux **angles** sont **supplémentaires** si la somme de leurs mesures vaut 180°.

Ex. Si un angle mesure 60°, un angle supplémentaire à cet angle mesure 120°, car 60° + 120° = 180°.

Propriété d'un triangle

Dans un triangle, la somme des mesures des trois angles vaut 180°.

Triangle rectangle

Un **triangle rectangle** possède un angle droit et deux angles aigus complémentaires.

Ex.

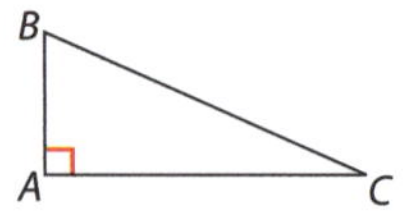

Dans le triangle *ABC* rectangle en *A*, les angles aigus $\widehat{ABC}$ et $\widehat{ACB}$ sont complémentaires.

Triangle isocèle

Un **triangle isocèle** possède deux angles aigus de même mesure et un troisième angle dit principal.

Triangle équilatéral

Un **triangle équilatéral** possède trois angles aigus qui mesurent chacun 60°.

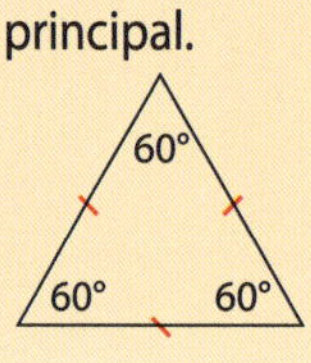

Où partir ?

1 L'été dernier, toute la famille était partie au bord de la mer Méditerranée. Manon et Lucas se demandent bien où ils vont aller cette année ! Leur père leur a confié les deux indices suivants :

- le lieu de vacances *V* est en France et il est plus au sud que la ville de Paris ;
- le triangle *TVN*, où *T* désigne la ville de Toulouse et *N* celle de Nîmes, possède en *V* et en *N* deux angles complémentaires.

a Que signifie « les deux angles en *V* et en *N* sont complémentaires » ?

....

....

b Que peux-tu en déduire pour l'angle $\widehat{NTV}$ du triangle *TVN* ?

....

....

....

....

....

c En dessinant en rouge sur la carte les destinations possibles, vérifie que ce n'est pas au bord de la mer.

vacances !

Arrondir les angles...

2 **Complète le tableau.**

numéro de l'angle	mesure de cet angle	mesure d'un angle complémentaire à cet angle
①	47°	90° – 47° = ...
②	38°	....
③	....	42°
④	....	80°
⑤	....	la même que celle de ⑤

3 Les points *R*, *M* et *S* sont alignés.

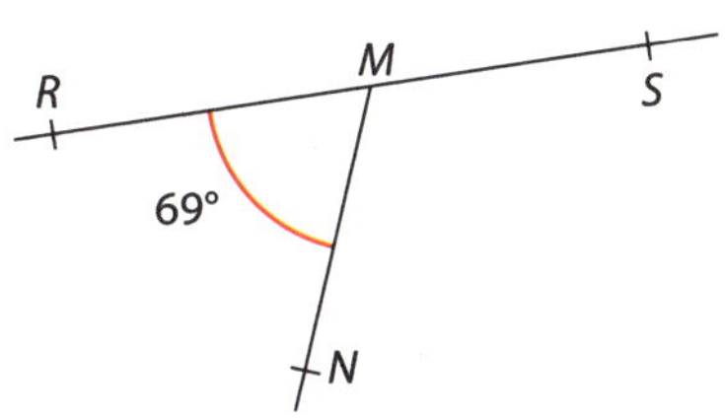

a **Comment sont les angles $\widehat{RMN}$ et $\widehat{NMS}$?**

....

....

b **Déduis-en une mesure de $\widehat{NMS}$.**

....

....

4 Manon et Lucas ont fini par obtenir l'information complémentaire suivante :
P désignant la ville de Paris et *L* désignant la ville de Lyon, l'angle $\widehat{PLV}$ a pour angle supplémentaire un angle de 100°.

a **Combien mesure l'angle $\widehat{PLV}$?**

....

b **Détermine l'emplacement du lieu des vacances sur la carte de l'exercice 1.**

5 Un triangle possède un angle de 21° et un autre de 118°.

Que vaut la somme des trois angles ?

Combien mesure le troisième angle ?

....

....

....

L'EXO MÉMO

6 On considère le schéma ci-dessous.

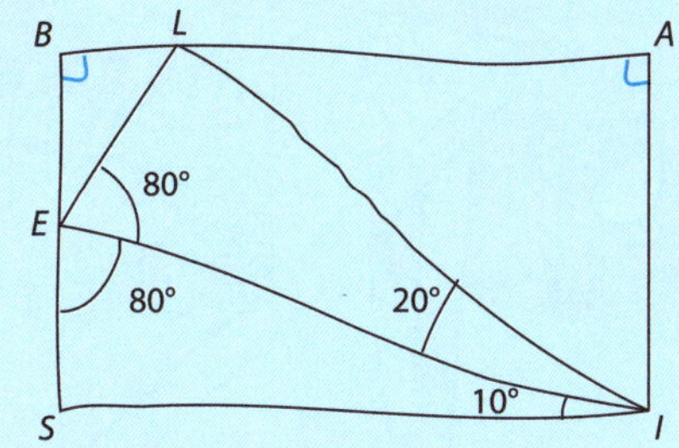

a **Calcule les mesures de $\widehat{ESI}$ et de $\widehat{ELI}$.**

....

....

b **Quelle est la nature du triangle *ELI* ?**

....

....

c **Quelle est la nature du quadrilatère *BAIS* ?**

Compte les angles droits.

....

....

L'EXO COSTAUD

7 **Montre que la somme des angles de *EFGHI* vaut 540°.**

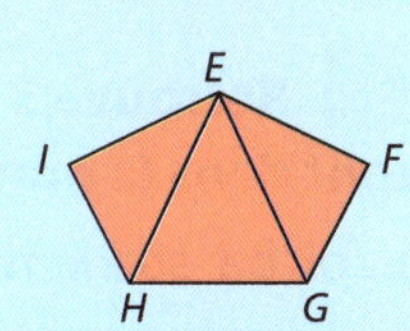

....

....

....

....

....

Let's bake

It's very easy! You need:

- 2.5 cups[1] of crushed pineapple[2], drained[3]
- 1.5 cups of sugar
- 2.5 cups of flour[4]
- 2 eggs
- 2 teaspoons of baking soda[5]
- ½ teaspoon of salt

Combine all the ingredients and mix well. Pour[6] into a 20×30 cm baking pan[7] that is well greased. Bake[8] at 200°C for 30 minutes. Cut into squares and serve. Yummy!!!

1. **1 cup :** *= 240 mL (environ). Un bol peut convenir comme mesure.* 2. **crushed pineapple :** *ananas écrasé.* 3. **drained :** *égoutté.* 4. **flour :** *farine.* 5. **baking soda :** *bicarbonate de soude.* 6. **to pour :** *verser.* 7. **a baking pan :** *un moule.* 8. **to bake :** *faire cuire (au four).*

Comprendre

1 Vrai (V) ou faux (F) ? Lis la recette et entoure la bonne réponse.

a. There are some bananas in the cake. V F

b. There are two eggs in the cake. V F

c. You need a frying pan. V F

d. You bake the cake for half an hour. V F

2 Complète les phrases en utilisant les mots de la recette.

a. To make cookies you need 1.5 .... of sugar, 1 .... of baking soda, some flour, butter, salt and chocolate chips.

b. Combine all the .... and mix well.

c. .... at 200°C for 15 minutes.

3 Retrouve 3 noms par ligne (les syllabes sont dans le bon ordre), puis écris-les.

a. pi ba straw ne ber ap na ries ple na (fruit)

....

b. cof cho wa co fee la ter te (drink)

....

c. car to sa rot ma lad to (vegetables)

....

d. vi pep ce ne real per gar

....

Mots et expressions

***Breakfast* petit-déjeuner**

milk *du lait*, **cereal** *des céréales*, **juice** *du jus*, **toast** *du pain grillé*, **butter** *du beurre*, **jam** *de la confiture*

***Meat* viande**

beef *bœuf*, **ham** *jambon*, **a chop** *une côtelette*, **pork** *porc*

***Vegetables* légumes**

potatoes *des pommes de terre*, **peas** *des petits pois*, **beans** *des haricots*, **spinach** *des épinards*, **leeks** *des poireaux*, **carrots** *des carottes*

***Fruit* fruits**

apples *des pommes*, **pears** *des poires*, **bananas** *des bananes*, **apricots** *des abricots*, **peaches** *des pêches*, **cherries** *des cerises*, **strawberries** *des fraises*

et aussi...

cheese *du fromage*, **an egg** *un œuf*
salt *sel*, **pepper** *poivre*, **vinegar** *vinaigre*, **oil** *huile*

a pineapple cake!

LE COURS

There is / there are

• Pour décrire un seul élément, on emploie ***there is***.

Ex. **There's** a blackbird on the branch. **There isn't** any fog this morning. *Il y a un merle sur la branche. Il n'y a pas de brouillard ce matin.*

• S'il y a plusieurs éléments, on emploie ***there are***.

Ex. **There are** three boys in the boat. **There are** a lot of people on the beach. *Il y a trois garçons dans le bateau. Il y a beaucoup de gens sur la plage.*

• Dans le cas d'une énumération, il est possible de n'accorder qu'avec le premier élément.

Ex. **There's** a cat and two dogs on the photo. *Il y a un chat et deux chiens sur la photo.*

Some / any / no

• Si on ne peut indiquer le nombre exact d'éléments ou la quantité, on emploie ***some***.

Ex. There's **some** sun cream in my bag and there are **some** magazines. *Il y a de la crème solaire dans mon sac et il y a des magazines.*

• Dans les phrases négatives, ***some*** est remplacé par ***any*** ou ***no***.

Ex. Are there **any** yogurts in the fridge? No, there are**n't any** (yogurts). *Y a-t-il des yaourts dans le frigo ? Non, il n'y en a pas. / Il n'y a pas de yaourts.*

On peut dire indifféremment : There is**n't any** tea left ou There's **no** tea left. *Il ne reste pas de thé.*

Ex. There are **no** apricots. *Il n'y a pas d'abricots.*

• Dans les phrases interrogatives, ***some*** est remplacé la plupart du temps par ***any***.

Ex. Are there **any** apricots for dessert? No, there are**n't any** (apricots).
Particularité : Can I have **some** tea? *Puis-je avoir du thé ? On sait qu'il y en a.*

S'entraîner

4 **Relis la recette du *pineapple cake* et complète les phrases avec *some*, *any* ou *no*.**

a. In the recipe, there is .... sugar and .... flour but there isn't .... chocolate.

b. There are .... apples but there are .... eggs.

c. Is there .... pineapple? Of course, there is ....

d. Would you like ....? It's excellent!

5 **Regarde la liste de courses et écris ce qui se trouve ou pas dans le panier.**

Shopping list : a. ketchup, b. carton of milk, c. flowers, d. bread, e. bananas.

a. There ....

b. ....

c. ....

d. ....

e. ....

6 **Fais des phrases complètes en reliant le début de la phrase à la fin qui lui correspond par une flèche.**

a. There are
b. In the fridge, there is
c. I don't want
d. Can you give me

1. any sugar in my tea, thanks.
2. some of this delicious pudding, please?
3. no fruit juice left. Run to the supermarket!
4. four vanilla yogurts and a strawberry one.

Le fonctionnement de nos poumons

LE COURS

Air inspiré, air expiré

De l'air circule en permanence dans notre organisme : l'**air inspiré** est l'**air atmosphérique** ; l'air qui sort, ou **air expiré**, **provient de nos poumons**.

L'air circule dans nos poumons

Le diaphragme et certains muscles, dont des muscles intercostaux, agissent sur le volume de la cage thoracique. Quand la cage s'agrandit, l'**air est aspiré** dans les poumons ; quand elle s'affaisse, les poumons sont comprimés et l'**air sort**.

Des échanges entre l'air et le sang

L'air inspiré, riche en dioxygène, circule dans des conduits de plus en plus étroits jusqu'à de petits sacs à parois minces qui forment les **alvéoles pulmonaires**. Le sang des vaisseaux de la paroi des alvéoles s'enrichit en dioxygène et s'appauvrit en dioxyde de carbone. C'est l'inverse pour l'air expiré, appauvri en dioxygène.

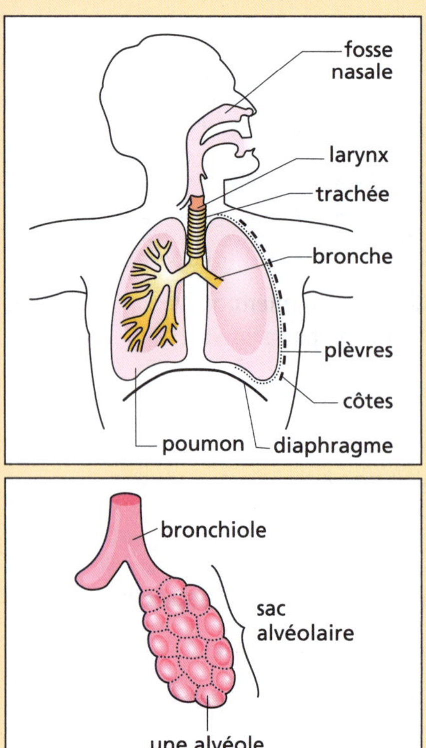

Structure de nos poumons.

1 Le rythme respiratoire d'un homme adulte est de 16 cycles par minute. À chaque cycle, il inspire 0,5 litre d'air. L'inspiration et l'expiration constituent un cycle respiratoire.

a. **Quel volume d'air entre dans les poumons chaque jour ?**

....

b. **D'après le tableau ci-dessous, de quel volume de dioxygène dispose un homme chaque jour ?**

	Air inspiré	Air expiré
Dioxygène	21 %	16 %

....

2 On enregistre sur l'écran d'un ordinateur le volume d'air échangé à chaque cycle respiratoire, ainsi que la fréquence de ces cycles.

1 cycle respiratoire = 1 inspiration + 1 expiration

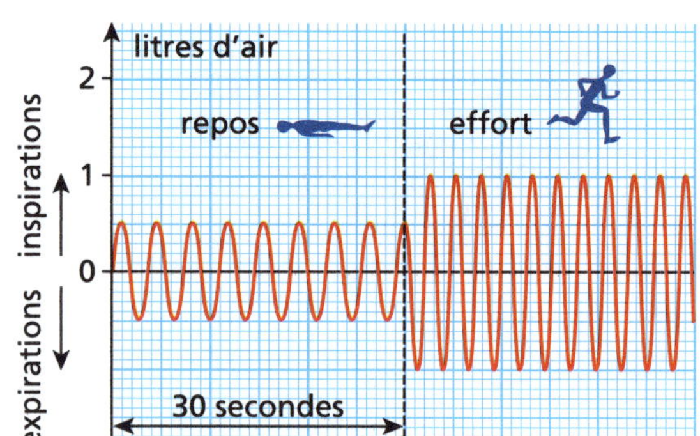

D'après ce graphe, indique, au repos et au moment de l'effort, le volume d'air expiré et le volume d'air inspiré, ainsi que le rythme respiratoire (en nombre de cycles).

	Volume expiré	Volume inspiré	Rythme pour 30 s
Repos			
Effort			

Un circuit électrique

1 **Relie par un trait l'appareil et son symbole.**

1. 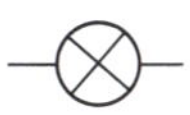 — a. pile
2. 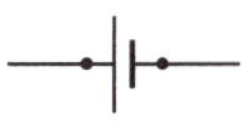 — b. DEL
3.  — c. lampe
4.  — d. interrupteur

2 Tu dois réaliser le montage suivant :

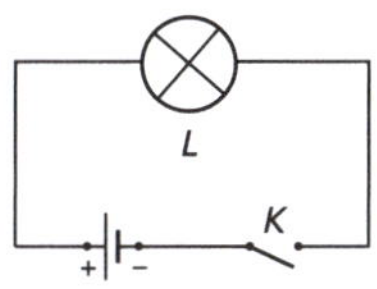

a. **Énumère les dipôles qui te sont nécessaires.**

....

b. **Combien de fils de connexion te faut-il ?**

....

3 a. **Que peux-tu dire du circuit suivant ?**

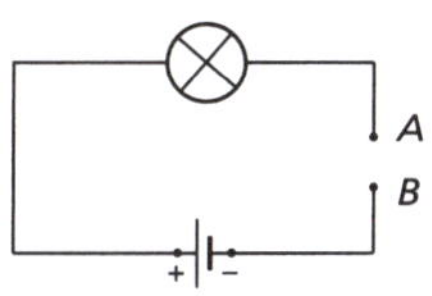

....

b. On ferme ce circuit avec différents matériaux. **Complète le tableau en indiquant si la lampe est éteinte ou allumée.**

Matériaux entre *A* et *B*	Lampe
règle en aluminium	
mouchoir en papier	
ciseaux en acier	
eau salée	
gomme	

4 a. **Dans le montage ci-contre, que se passerait-il si tu reliais directement les bornes *A* et *B* de la lampe par un fil conducteur ?**

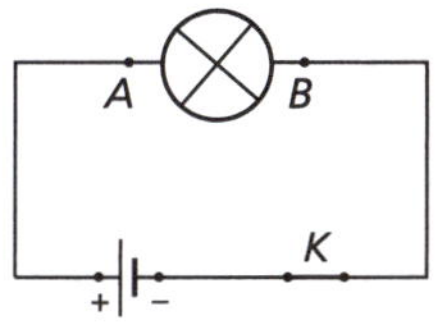

....

b. **Comment s'appelle ce phénomène (dangereux) ?**

....

LE COURS

Symboles des dipôles usuels

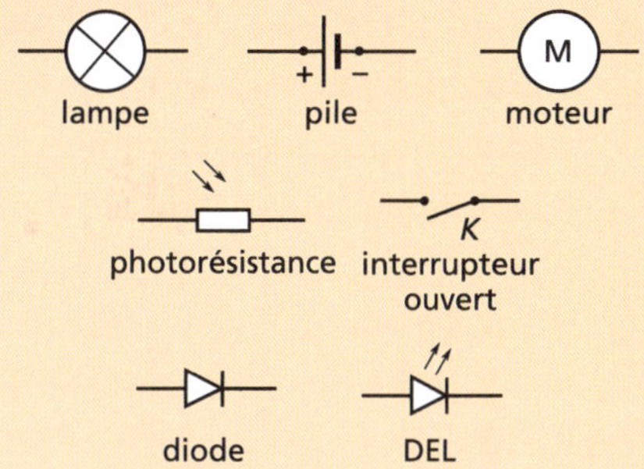

Schéma d'un circuit simple

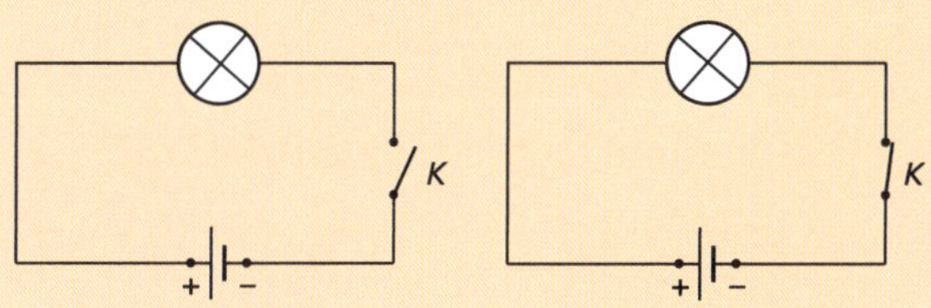

circuit **ouvert** (la lampe est éteinte) — circuit **fermé** (la lampe est allumée)

Sens conventionnel du courant

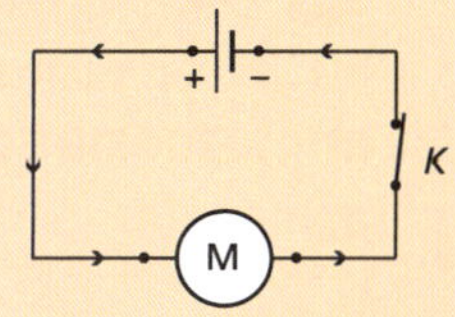

À l'extérieur du générateur (la pile), le courant électrique circule **de la borne + à la borne –**.
Si l'on branche la pile en inversant ses bornes sans rien changer d'autre dans le circuit, le moteur tourne en sens inverse.

Matériaux conducteurs ou isolants

Contrairement aux matériaux isolants (papier, air sec, caoutchouc…), les matériaux conducteurs (métaux, eau salée…) laissent plus ou moins bien passer le courant électrique.

Bilan Séquence 2

Pour chaque question, coche la (ou les) bonne(s) réponse(s).
Ensuite, reporte-toi aux corrigés du livret détachable (page 5) et inscris ton score sur 10.

Français

1 La liste correcte est :

a. je résous, je recous, j'avous. ❑
b. je résouds, je recouds, j'avoue. ❑
c. je résous, je recouds, j'avoue. ❑

2 La forme correcte au présent du subjonctif pour le verbe « avoir » est :

a. qu'il est. ❑
b. qu'il aie. ❑
c. qu'il ait. ❑

3 Le verbe « je croie » est :

a. sûrement au présent de l'indicatif. ❑
b. sûrement au présent du subjonctif. ❑
c. au présent de l'indicatif ou au présent du subjonctif. ❑

Maths

4 Dans un triangle, un angle mesure 60° et un autre mesure 45°. Le troisième angle mesure :

a. 65° ❑
b. 75° ❑
c. 115° ❑

5 Un triangle possède un angle de 48° et un autre de 42°. Ce triangle est :

a. équilatéral ❑
b. isocèle ❑
c. rectangle ❑

6 Un triangle isocèle peut avoir :

a. un angle de 30° et un angle de 60° ❑
b. un angle de 20° et un angle de 140° ❑
c. un angle de 40° et un angle de 80° ❑

Anglais

7 There…

a. are a cake on the table. ❑
b. is a cake on the table. ❑
c. has a cake on the table. ❑

8 There is…

a. a milk in the fridge. ❑
b. any milk in the fridge. ❑
c. some milk in the fridge. ❑

SVT

9 L'air expiré est :

a. aussi riche en dioxygène que l'air inspiré. ❑
b. dépourvu de dioxygène. ❑
c. appauvri en dioxygène. ❑

Physique

10 Dans un circuit en boucle simple, si l'on dévisse une lampe, les autres lampes :

a. restent allumées. ❑
b. s'éteignent. ❑

Total .... / 10

Séquence 3

Savoureux

Le rébus mérite l'appellation d'ancêtre des jeux de lettres et d'esprit dans la mesure où les hiéroglyphes de l'Égypte ancienne peuvent être considérés comme des rébus codifiés.

[…] Sous l'Ancien Régime, puis sous la Révolution et l'Empire, le rébus connut une grande fortune. Il fleurissait sur les enseignes d'hôtels ou de cabarets :

– Un « lion d'or » signifiait tout simplement « Au lit on dort » et la formule « 0.20.100.0 » devait se traduire « Au vin sans eau ». On décorait de rébus les assiettes à dessert, les fonds de chapeaux et tous les almanachs en proposaient à leurs lecteurs.

• Le plus royal des rébus est celui que Frédéric II, roi de Prusse, adressa à Voltaire qu'il avait invité à venir souper dans son Palais de Sans-Souci à Postdam :

(1) $\dfrac{p}{6\ heures}$ A $\dfrac{6}{100}$

À quoi l'écrivain répondit par retour :

(2) G.a.

• Voici, au hasard, d'autres rébus non moins savoureux quoique anonymes :

(3) mademoselle, je bis à vore

(4) 

(5) 

(6) 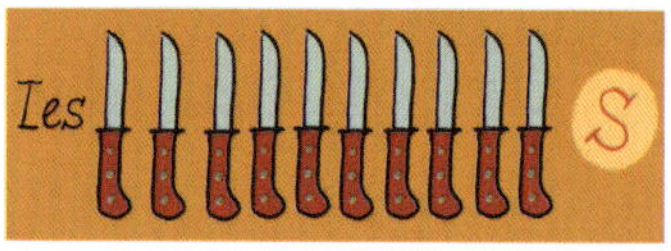

---

1. 6 heures sous P A 100 sous 6 (Six heures souper à Sans-Souci.) ; 2. G grand, a petit (J'ai grand appétit.) ; 3. Mademoiselle sauf I, je bois sans O à votre sans T (Mademoiselle Sophie, je bois sans eau à votre santé.) ; 4. A long dans C sous les O rangés (Allons danser sous les orangers.) ; 5. Un grand AB plein d'a petits A traversé par I 100 sous P (Un grand abbé plein d'appétit a traversé Paris sans souper.) ; 6. Les 10 manches ont dix lames S (les Dimanches on dit la messe.)

Claude Gagnière,
Pour tout l'or des mots, coll. « Bouquins »,

Lecture et compréhension

1 **Pourquoi peut-on dire que les rébus datent de l'Antiquité ?**

On peut dire que les rébus ....

....

2 **Que signifie pour un hôtel *« Au lion d'or »* ?**

....

Vocabulaire

3 ***Rébus* est un mot latin signifiant *chose*. Quel mot français vient du latin *tripalium* (un instrument de torture à trois pales) ?**

a. travail ☐ **b.** tribunal ☐ **c.** trimestre ☐ **d.** trappe ☐

rébus

Orthographe

4 Réécris la phrase en mettant au pluriel le mot souligné et en faisant les accords nécessaires.

Le plus royal des rébus est celui de Frédéric II, roi de Prusse.

....

....

5 Complète les mots avec un ou deux « *l* » ou un ou deux « *t* ». On double la consonne quand on entend le son « *è* ».

a. l'appe........ation
b. tu je........es
c. nous appe........ions
d. il appe........era.
e. que vous je........iez
f. ils rappe........èrent

Grammaire

6 Trouve le sujet des verbes soulignés.

– Tout le monde déjeunait quand retentit un bruit.
– Quel extraterrestre pilote la soucoupe volante qui s'est posée à midi ?

a. .... sujet du verbe « déjeuner »
b. .... sujet du verbe « retentir »
c. .... sujet du verbe « piloter »
d. .... sujet du verbe « s'est posée »

7 Souligne les attributs du sujet. Tous les verbes n'introduisent pas un attribut.

a. Ce rébus est celui de Frédéric II.
b. Les rébus semblent très anciens.
c. Voltaire est un écrivain du XVIIIe siècle.
d. Je te montre un rébus ; es-tu assez habile pour le déchiffrer ?

8 Donne la valeur du présent dans ces phrases en t'appuyant sur le cours.

a. Frédéric II invite Voltaire. ....
b. Je révise les valeurs du présent. ....
c. Le rébus mérite l'appellation d'ancêtre des jeux de lettres. ....
d. La diligence s'arrête devant le « Lion d'or ». ....

LE COURS

Le sujet et l'attribut du sujet

- Le sujet d'un verbe est l'élément qui détermine sa terminaison. Le plus souvent le sujet effectue l'action et répond à la question « Qui est-ce qui + verbe ? ».
- Le sujet peut être inversé :

Ex. À qui parles-**tu** ?

- Le sujet peut être un pronom.

Ex. C'est ce rébus-là **qui** me plaît.
« Qui » (mis pour « rébus ») : sujet du verbe « plaire ».

- **L'attribut du sujet** désigne la même personne ou le même objet que le sujet avec lequel il s'accorde. Il est le plus souvent introduit par un verbe d'état : être, sembler, devenir, rester, paraître…

Ex. Ce rébus est **facile**.
« Facile » : attribut du sujet « rébus »
Ce jeu est **un rébus**.
« Un rébus » : attribut du sujet « jeu »

Les valeurs du présent

On distingue principalement :

- Le présent **d'actualité** (au moment où on parle).

Ex. Il m'écoute.

- Le présent **de narration** (pour raconter).

Ex. Sherlock Holmes s'interroge.

- Le présent **d'habitude** :

Ex. Je me lève à 8 heures du matin.

- Le présent **de vérité générale**.

Ex. L'été est la saison la plus chaude.

Chasse

Mystère au jardin...

1 Les parents de Manon et Lucas ont caché un trésor dans le jardin. Ils ont donné à leurs enfants le parchemin ci-dessous.

a **Complète la démonstration suivante.**

- « Le trésor *T* est à la même distance du rocher *R* et du sapin *S*. »
- Si un point est équidistant des extrémités d'un segment, alors

....

....

- Le point *T* appartient à ....

....

b **Construis l'emplacement du trésor *T* sur le parchemin, sachant que *TR* = *TP*.**

2 On donne la figure ci-dessous.
Complète la démonstration.

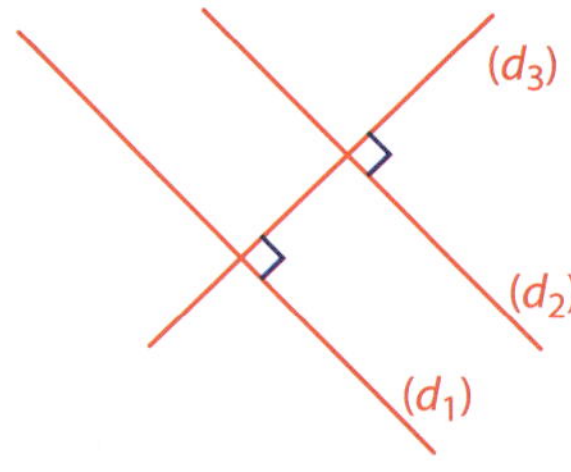

Avant de répondre, observe attentivement la figure.

① On sait que (d_1) et (d_3) sont ....

et que (d_2) et .... sont perpendiculaires.

② Si deux droites sont perpendiculaires

....

....

LE COURS

Principe de démonstration

Une démonstration consiste à expliquer de manière rigoureuse pourquoi un résultat est vrai. Chaque étape d'une démonstration comporte trois parties :
① des connaissances : données de l'énoncé ou résultats des questions précédentes ;
② un outil : théorème ou définition dont la fin correspond à la réponse et dont le début doit être en rapport avec l'énoncé ou avec les questions précédentes ;
③ une conclusion : la réponse à la question.

Théorèmes sur les droites

- Si deux droites sont perpendiculaires à une même troisième droite, alors elles sont **parallèles** entre elles.
- Si deux droites sont parallèles à une même troisième droite, alors elles sont **parallèles** entre elles.
- Si deux droites sont parallèles et si une troisième droite est perpendiculaire à l'une d'elles, alors cette troisième droite est **perpendiculaire** à l'autre.

Médiatrice d'un segment

- Une droite qui passe par le milieu d'un segment de manière perpendiculaire est la **médiatrice de ce segment**.
- Si un point est sur la médiatrice d'un segment, alors il est **équidistant** de ses extrémités.
- Si un point est équidistant des extrémités d'un segment, alors il est **sur la médiatrice** de ce segment.

au trésor

alors elles sont ....

....

③ On a donc .... et .... parallèles.

Trouvé !

3 Manon et Lucas ont déniché le trésor. Il est constitué de deux boîtes contenant des bonbons et des chocolats. Les deux boîtes sont des pavés droits collés, comme le montre la figure.

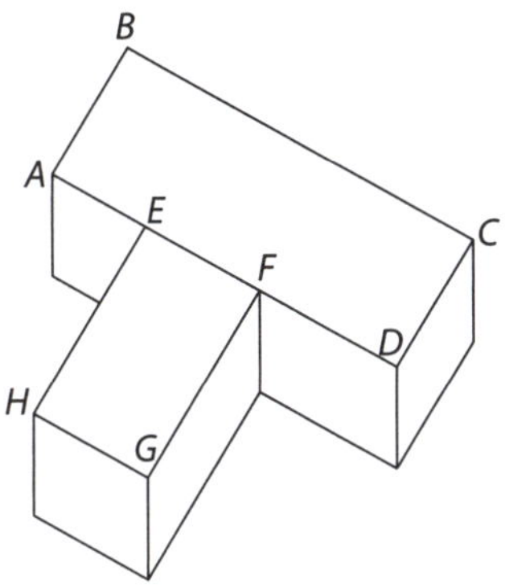

a **De quelle nature sont les faces *ABCD* et *EFGH* ?**

....

....

b **Comment sont les droites (*EF*) et (*GH*) ?**

....

c **Comment sont les droites (*EF*) et (*BC*) ?**

....

d **Que peux-tu en conclure concernant les droites (*GH*) et (*BC*) ?**

....

4 **Observe la figure ci-dessous.**

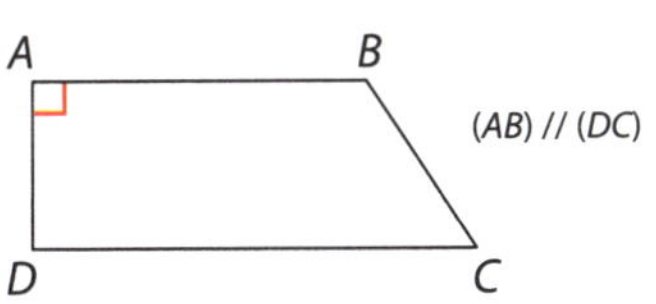

Les informations utiles peuvent être écrites ou dessinées.

a **Que sait-on ?**

....

....

b **Que peut-on en conclure ?**

....

c **Quel théorème doit-on utiliser ?**

....

....

L'EXO MÉMO

5 On donne la figure ci-dessous.

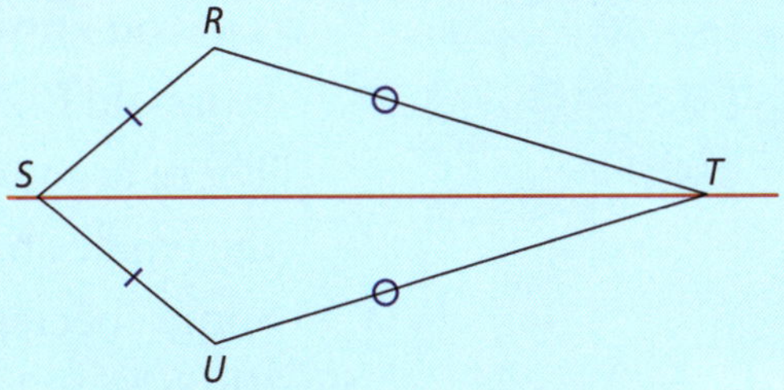

Complète la démonstration.

① On sait que SR = ... et .... = RT.

② Si un point est ....

....

alors il est sur la médiatrice de ce segment.

③ .... et .... appartiennent

à la médiatrice de [*RU*], donc (........) est

la .... de [*RU*].

L'EXO COSTAUD

6 Soit deux droites (d_1) et (d_2) perpendiculaires en un point *A*. *B* et *C* sont deux points de (d_1). Les droites (d_3) et (d_4) sont perpendiculaires à (d_1) en *B* et en *C*.

a **Complète la figure.**

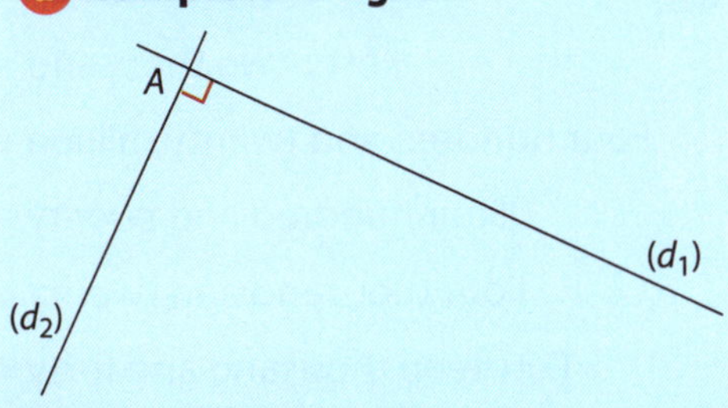

b **Prouve que les droites (d_2), (d_3) et (d_4) sont parallèles.**

....

....

....

Do you know sharks are prehistoric animals? They are over 420 million years old (220 million years older than dinosaurs!). There are more than 450 different species[1]; the smallest is 14 cm long, the whale shark[2] can be 13 m long but it eats only plankton. Some species are predators; they kill[3] their preys[4] with their sharp teeth (they have 3 to 5 rows of teeth!). Great white sharks are dangerous but they don't eat every day. Do they attack people? Only if they mistake them for a seal[5] or a turtle[6]. They are usually shy[7] animals and try to avoid[8] human beings. Diving[9] with sharks is an extraordinary experience. What graceful animals they are! Do you want to give it a try?

---

1. **a species :** *une espèce.* 2. **a whale shark :** *un requin baleine.* 3. **to kill :** *tuer.* 4. **a prey :** *une proie.* 5. **a seal :** *un phoque.* 6. **a turtle :** *une tortue marine.* 7. **shy :** *timide.* 8. **to avoid :** *éviter.* 9. **to dive :** *plonger.*

Comprendre

1 Lis le texte et barre ce qui est faux.

a. Sharks existed before dinosaurs.
b. All of them are dangerous.
c. Some sharks don't eat meat.
d. They like people.

2 Relie le nombre en lettres au nombre correspondant.

Forty-two thousand •	• 420
Four hundred and twenty million •	• 4,020
Four hundred and twenty •	• 4,204
Four thousand and twenty •	• 14,040
Fourteen thousand and forty •	• 42,000
Four thousand two hundred and four •	• 420,000,000

3 Écris les nombres en lettres.

a. 916 : ....

b. 370,000 : ....

c. 12,000,000 : ....

Mots et expressions

Écrire les nombres

• Les nombres de 13 à 19 se terminent en **-teen**.
Thirteen *13*, **nineteen** *19*

• Les dizaines, sauf **ten** *10*, se terminent en **-ty.**
Twenty *20*, **thirty** *30*, **forty** *40*, **fifty** *50*, **sixty** *60*, **seventy** *70*, **eighty** *80*, **ninety** *90*

• Ne pas oublier le trait d'union entre la dizaine et l'unité. **Forty-four** *44*

• Les grands nombres **hundred** *100*, **thousand** *1 000*, **million** *million* sont invariables lorsqu'ils servent à former un nombre exact.
two hundred dollars *deux cents dollars*

Sharks

S'entraîner

4 Toutes ces phrases sont erronées : écris-les à la forme négative pour les corriger.

a. All sharks have the same type of teeth.

....

b. A baby shark needs its mother.

....

c. A shark lives up to be 50 years old.

....

d. The people of Palau Island fish sharks.

....

5 Remets les mots dans l'ordre pour former une question.

a. summer / go / Florida / you / to / every / Do / ?

....

....

b. beach / mother / What / your / does / on / the / do / ?

....

....

c. holiday / Do / a / on/ wear / you / shirt / Hawaiian / ?

....

....

6 Conjugue les verbes entre parenthèses au présent simple.

a. Ryan is a good scuba diver because he .... (practice) every Wednesday afternoon at the swimming-pool. b. He .... (try) to respect all the rules. c. .... he .... (take) risks? d. No, he .... e. He .... (know) it can be dangerous.

LE COURS

Le présent simple

Le présent simple sert à parler d'**activités régulières**, à exprimer des **habitudes**, des **goûts** et des **opinions**.

• À la **forme affirmative**, aux **1re et 2e personnes du singulier** et à **toutes les personnes du pluriel**, il se forme avec la base verbale seule.

> ***Ex.*** I **live** in France. *J'habite en France.*
> We **like** travelling. *Nous aimons voyager.*

À la **3e personne du singulier**, on ajoute un *-s* à la fin du verbe ou *-es* si le verbe se termine par *-o*, *-s*, *-sh*, *-ch* ou *-x*, et le *-y* devient *-ies* si le verbe se termine par une consonne + *y*.

> ***Ex.*** Carol **likes** listening to music with Eileen, they **think** it's relaxing.
> *Carol aime écouter de la musique avec Eileen, elles pensent que c'est reposant.*
> She **goes** to the market. *Elle va au marché.*
> He **watches** the boats. *Il regarde les bateaux.*
> He (to carry) **carries** a big box.
> *Il porte une grosse boîte.*

• À la **forme négative**, on utilise l'auxiliaire ***do*** (ou ***does*** à la 3e pers. du sing.) + ***not***.

> ***Ex.*** We **don't want** to get up very early on holidays but my baby sister **doesn't want** to stay in bed!
> *Nous ne nous voulons pas nous lever très tôt pendant les vacances mais ma petite sœur ne veut pas rester au lit !*

• À la **forme interrogative**, on utilise l'auxiliaire ***do*** (ou ***does*** à la 3e pers. du sing.) et il se place avant le sujet. Le verbe reste à sa forme de base.

> ***Ex.*** **Do** you **like** water-skiing? Where **do** you **practice**?
> **Does** Sean **go** with you?
> *Aimes-tu le ski nautique ? Où le pratiques-tu ?*
> *Sean va-t-il avec toi ?*

De la France féodale à l'État monarchique

LE COURS

La formation du royaume

En 987, **Hugues Capet** règne sur un grand royaume mais ne possède en propre qu'un petit domaine. Peu à peu, ses successeurs capétiens renforcent leur pouvoir en agrandissant leur domaine. Au XIIIe siècle, **Philippe Auguste**, **Saint Louis** et **Philippe le Bel** font de la monarchie française une grande puissance européenne. Le roi s'entoure d'une administration, avec le Conseil (gouvernement), la Chambre des comptes (finances), le Parlement (justice). Sur le plan local, il est représenté par les **baillis** (au nord) ou les **sénéchaux** (au sud).

La guerre de Cent Ans

En 1328, le roi meurt sans héritier. Édouard III, roi d'Angleterre, revendique le trône. Commence alors la guerre de Cent Ans **(1337-1453)**. Avec l'aide de **Jeanne d'Arc** (entre 1429 et 1431), le roi **Charles VII** reconquiert le royaume (1429-1453). Son fils Louis XI annexe la Bourgogne et restaure l'autorité royale.

La modernisation de l'État monarchique

• Les nécessités de la guerre entraînent l'apparition d'un **impôt permanent** : la **taille**. Le roi peut donc avoir une armée permanente et développer l'administration. Il s'entoure de ministres et de secrétaires d'État. En 1539, François Ier fait du **français** la **langue officielle** et, par le concordat de Bologne, obtient le droit de nommer les évêques.

• Les **guerres de Religion** (1562-1598) opposent protestants et catholiques et sont un nouveau moment de crise pour la monarchie. Après la mort d'Henri III, le premier Bourbon **Henri IV** se convertit au catholicisme pour devenir roi. Il met fin aux guerres de Religion par l'**édit de Nantes** (1598). Désormais, l'autorité du roi s'exerce sur tout le royaume.

épée

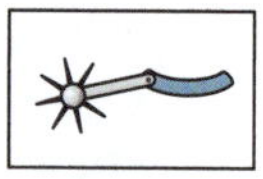

éperon

couronne

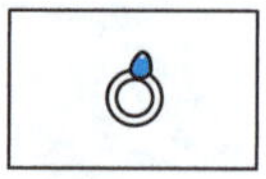

anneau qui unit à l'Église

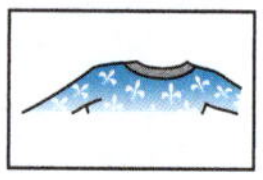

manteau à fleurs de lys

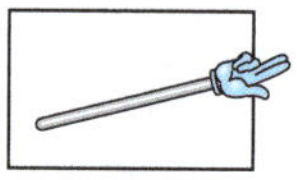

main de justice

1 **Compare les cartes.**

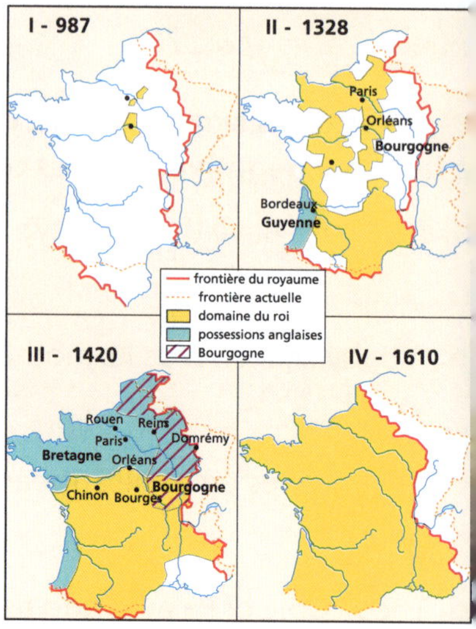

a. Pourquoi le roi est-il plus puissant en 1328 qu'en 987 ?

....

....

....

b. Quels sont les deux ennemis du dauphin Charles (futur Charles VII) en 1420 ? Pourquoi l'appelle-t-on « le roi de Bourges » ?

....

....

c. En quoi le roi sort-il renforcé de la guerre de Cent Ans et des guerres de Religion (carte de 1610) ?

....

2 Lors de son sacre à Reims, le roi reçoit d'abord l'onction (1) ; l'archevêque fait une croix sur son front avec l'huile sainte. Les évêques et les Grands du royaume lui donnent ensuite les signes du pouvoir (2).

a. Sur le schéma ci-dessous, quel moment du sacre est représenté (1 ou 2) ? Que fait le roi ? Indique qui sont les Grands et les évêques.

....

b. Parmi les signes du pouvoir représentés en bas, à gauche, entoure ceux qui figurent sur le dessin ci-dessous, et souligne ceux qui manquent.

D'après une enluminure du XIIIe siècle.

Les dynamiques de la population dans le monde

1 Observe le graphique et complète les phrases.

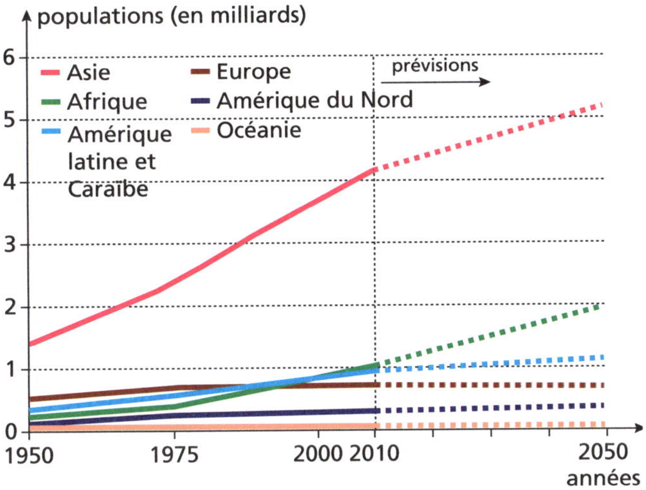

a. Les deux continents les plus peuplés en 1950 étaient .... et ....

b. Les deux continents les plus peuplés en 2050 seront probablement .... et ....

2 À l'aide de la carte, réponds aux questions.

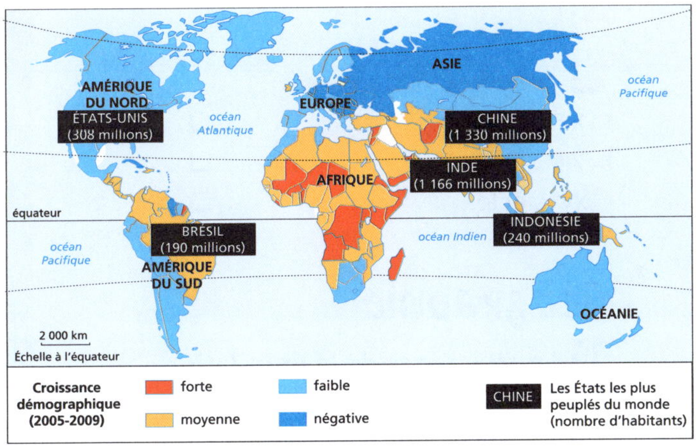

a. Nomme les 5 pays les plus peuplés du monde par ordre décroissant.

....

b. Quel est le continent à la croissance démographique la plus forte ? ....

c. Quelle est l'évolution de la population de la Russie ?

....

LE COURS

En 2012, le monde compte **7 milliards d'habitants**.

Un accroissement continu

La population mondiale a quadruplé entre 1500 et 1913 (en quatre siècles), puis elle a de nouveau quadruplé entre 1913 et aujourd'hui (en seulement un siècle). La pression démographique sur la planète s'accentue, avec une densité actuelle de **50 habitants au km²**.

Un ralentissement récent

- **1990** est l'année où l'**accroissement démographique** a été **maximal** : 80 millions d'hommes en plus.
- La **baisse de la natalité** rejoint peu à peu la **baisse de la mortalité**.
- Malgré une baisse rapide du taux de natalité, la population des pays du Sud continue à croître.
- Le maximum de population devrait être atteint en **2050** avec 9,3 milliards d'hommes et une densité de **72 habitants au km²**.

Problèmes et perspectives

- Les **pays du Nord** sont confrontés au **vieillissement** de leur population et, parfois, à son déclin.
- Les **pays du Sud connaissent à la fois** la croissance rapide de leur population et son vieillissement.
- La généralisation de l'enseignement, notamment pour les filles, et la valorisation du travail des femmes sont des priorités pour **réduire la mortalité infantile et améliorer le niveau de vie**.
- Un meilleur accès aux ressources vitales, à l'éducation et à la santé nécessite une **répartition des richesses plus équitable** sur l'ensemble de la planète.

Bilan Séquence 3

Pour chaque question, coche la (ou les) bonne(s) réponse(s).
Ensuite, reporte-toi aux corrigés du livret détachable (page 8) et inscris ton score sur 10.

Français

1 Dans la phrase « Du sol jaillissait une source », la fonction de « source » est :

a. sujet du verbe « jaillir ». ❑
b. COD du verbe « jaillir ». ❑
c. attribut du sujet « sol ». ❑

2 La phrase qui contient un attribut du sujet est :

a. Pompéi est encore un lieu de fouilles archéologiques. ❑
b. Notre hôtel est en plein cœur de la ville. ❑
c. Mes cousins sont à Naples. ❑

3 Dans la phrase « Le sud de la France connaît un climat méditerranéen », le présent est :

a. un présent d'actualité. ❑
b. un présent de narration. ❑
c. un présent de vérité générale. ❑

Maths

4 Dans une démonstration, on écrit à la fin :

a. les hypothèses ❑
b. un théorème ❑
c. la conclusion ❑

5 [*AB*] est un segment et *D* et *E* sont deux points tels que *AD* = *BD* et *AE* = *BE*. On a :

a. *ADBE* qui est un losange ❑
b. (*AB*) la médiatrice de [*DE*] ❑
c. (*DE*) la médiatrice de [*AB*] ❑

6 *M* et *N* sont deux points de la médiatrice d'un segment [*AB*]. Alors on a :

a. $AB = AN$ ❑
b. $AM = AN$ ❑
c. $AM = BM$ ❑

Anglais

7 La phrase correcte est :

a. I play tennis tomorrow. ❑
b. I play tennis every afternoon. ❑
c. I play tennis now. ❑

8 La phrase correcte est :

a. Do you like fish? ❑
b. Are you like fish? ❑
c. Does you like fish? ❑

Histoire

9 Jeanne d'Arc a vécu au :

a. XIe siècle. ❑
b. XIIIe siècle. ❑
c. XVe siècle. ❑

Géographie

10 La croissance de la population est la plus forte en :

a. Asie. ❑
b. Afrique. ❑
c. Amérique du Sud. ❑

Total .... / 10

Séquence 4

Attention,

Le narrateur est le docteur Watson, grand ami de Sherlock Holmes ; ils sont accompagnés par un policier, Lestrade.

« Attention ! cria Holmes qui arma son revolver. Attention ! Le voilà ! »

De quelque part au cœur de ce brouillard rampant résonna un petit bruit continu de pas précipités, nerveux. Le nuage se trouvait à une cinquantaine de mètres de l'endroit où nous étions retranchés ; tous les trois, nous le fixions désespérément, nous demandant quelle horreur allait en surgir. J'étais au coude à coude avec Holmes, et je lui jetai un coup d'œil : son visage était livide, mais exultant ; ses yeux luisaient comme ceux d'un loup, quand, tout à coup, ils immobilisèrent leur regard, s'arrondirent, et ses lèvres s'écartèrent de stupéfaction. Au même moment, Lestrade poussa un cri de terreur et s'écroula la face contre terre. Je sautai sur mes pieds ; ma main étreignit mon revolver mais ne se leva pas ; j'étais paralysé par la forme sauvage, monstrueuse qui bondissait vers nous. C'était un chien, un chien énorme, noir comme du charbon, mais un chien comme n'en avaient jamais vu des yeux de mortel. Du feu s'échappait de sa gueule ouverte ; ses yeux jetaient de la braise ; son museau, ses pattes s'enveloppaient de traînées de flammes. Jamais aucun rêve délirant d'un cerveau dérangé ne créa vision plus brutale, plus fantastique, plus infernale que cette bête qui dévalait du brouillard.

À longues foulées, cet énorme chien noir bondissait, le nez sur la piste des pas de notre ami. Nous étions si pétrifiés que nous lui permîmes de nous dépasser avant d'avoir récupéré la maîtrise de nos nerfs.

Arthur Conan Doyle,
Le Chien des Baskerville,
traduction de Bernard Tourville © Robert Laffont, 1975.

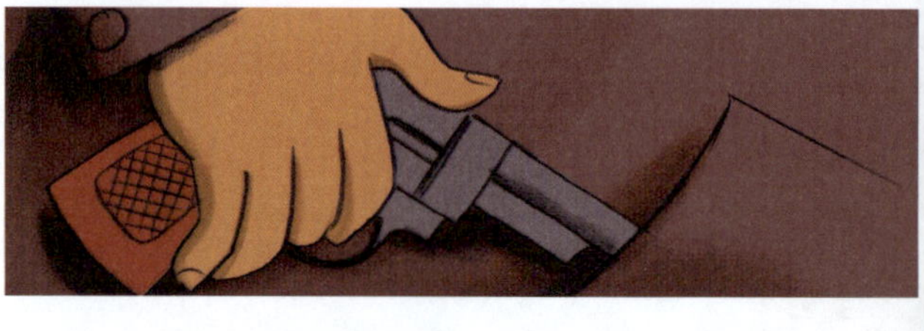

Lecture et compréhension

1 Relève les passages indiquant les premières réactions des personnages à la vue du chien.

a. Holmes : ....

....

b. Watson : ....

....

c. Lestrade : ....

....

Vocabulaire

2 Relève dans le texte un synonyme de *très pâle* et de *paralysés*.

a. très pâle : ....

b. paralysés : ....

3 Complète le tableau.

Nom	Adjectif qualificatif
stupéfaction	
	brutal
terreur	
	paralysé
maîtrise	

le voilà !

4 Un champ lexical est un ensemble de mots se rapportant à une notion. Relève dans le texte le champ lexical de la vision et de l'animalité.

Vision : ....

....

Animalité : ....

....

Orthographe

5 Complète par *ces* ou *ses*.

a. Je connais mal la lande et .... mystères.

b. J'ai vu le chien ; .... yeux brillaient dans le noir.

c. .... légendes-là sont mal connues.

d. .... histoires peuvent vous intéresser.

6 Complète par *quel* ou l'un de ses homophones ; fais les accords si nécessaire.

a. .... drôle de légende !

b. Ma grand-mère me dit .... a déjà entendu hurler le chien et .... s'est enfuie, ne sachant .... conduite adopter s'il s'approchait.

c. Cet animal, ... qu'il soit ne peut être une créature surnaturelle.

Conjugaison

7 Souligne dans le texte les quatorze verbes au passé simple.

8 Écris ces verbes au passé simple.

a. comprendre : *tu* ....

b. sauter : *je* ....

c. revenir : *nous* ....

d. courir : *ils* ....

e. nager : *je* ....

LE COURS

Les homophones grammaticaux

• **Ces** est un déterminant qui sert à montrer, alors que **ses** est un déterminant indiquant la possession.

Ex. J'aime **ces** fraises-là. Elle a emporté **ses** affaires.

• Pour bien choisir entre les homophones de **quel**, il faut d'abord regarder si le mot peut être remplacé par **qu'il** ou **que lui**, puis accorder.

Ex. Je crois **qu'elles** (**qu'ils**) sont d'accord.
Quelle surprise ! (On ne peut pas dire « qu'il surprise ».)

Le passé simple de l'indicatif

• **Avoir** : j'eus, tu eus, il eut, nous eûmes, vous eûtes, ils eurent.

• **Être** : je fus, tu fus, il fut, nous fûmes, vous fûtes, ils furent.

• Le **premier groupe** est le seul à avoir des terminaisons en « **a** ». Le **deuxième** et le **troisième groupe** suivent le même modèle : **-s**, **-s**, **-t**, **-^mes**, **^tes**, **-rent**.

Modèle en -a- Verbes du 1er groupe uniquement **donner**	Modèle en -i- Verbes du 2e groupe et certains du 3e groupe **finir**
je donn**ai**	je fin**is**
tu donn**as**	tu fin**is**
il donn**a**	il fin**it**
nous donn**âmes**	nous fin**îmes**
vous donn**âtes**	vous fin**îtes**
ils donn**èrent**	ils fin**irent**

Modèle en -u- Certains verbes du 3e groupe **croire**	Modèle en -in- tenir, venir et leurs composés (*revenir*, *convenir*…) **tenir**
je cr**us**	je t**ins**
tu cr**us**	tu t**ins**
il cr**ut**	il t**int**
nous cr**ûmes**	nous t**înmes**
vous cr**ûtes**	vous t**întes**
ils cr**urent**	ils t**inrent**

Attention à ne pas confondre **nous vînmes** (venir) **et nous vîmes** (voir).

Au fond

LE COURS

Repérage sur une droite

À chaque point d'une droite graduée correspond un nombre : c'est son **abscisse**.

Ex.

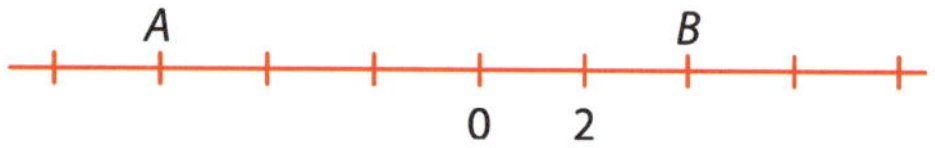

Une graduation correspond à 2 unités.
L'abscisse de A est donc -6 et celle de B est $+4$.

Comparaison de nombres relatifs

• Pour comparer deux nombres positifs, on utilise les règles habituelles.

Ex. $+2{,}35 < +2{,}6$.

• Un nombre positif est toujours plus grand qu'un nombre négatif.

Ex. $+3 > -8$.

• Deux nombres négatifs sont dans l'ordre inverse de leurs opposés.

Ex. $+2 < +6$ donc $-2 > -6$.

Repérage dans le plan

Deux axes sécants du plan constituent un **repère**.

Ex.

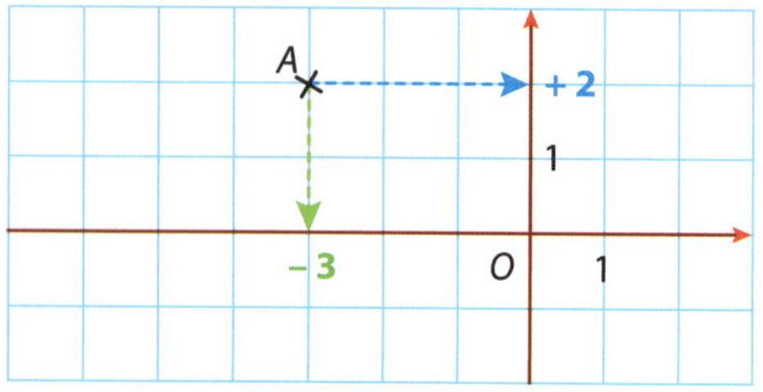

Au point A correspond le couple $(-3\,;+2)$.
$(-3\,;+2)$ sont les coordonnées du point A.
-3 est l'abscisse de A ; $+2$ est l'ordonnée de A.

Les entrailles de la Terre

1 Manon, Lucas et leurs parents sont allés visiter un gouffre. À l'entrée, un panneau donne les informations suivantes :

Belvédère du Grand Saut :	– 40
Salle des Cascades :	– 65
Entrée :	0
Lac inférieur :	– 80
Lac supérieur :	– 30
Statue de l'Ange :	+ 15
Trou du Diable :	– 120

Place ces dénivelés et les endroits correspondants sur l'axe ci-dessous.

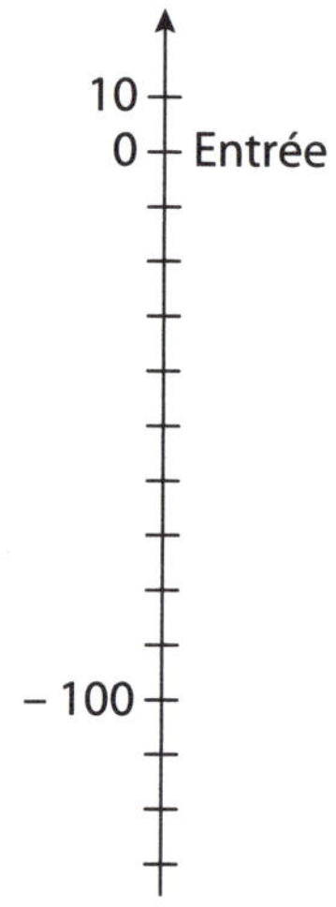

2 **Donne les abscisses des points *A*, *B* et *C*.**

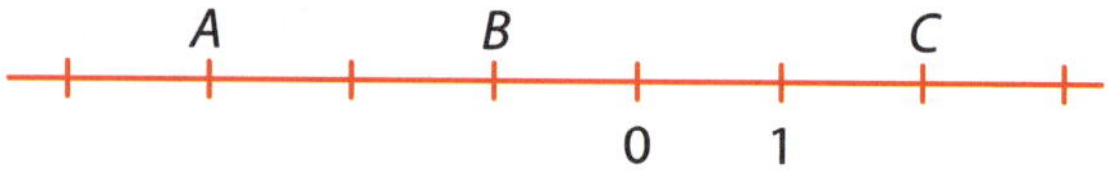

L'abscisse de A est ....

Celle de B est .... et celle de C est ....

3 **Trouve tous les entiers correspondant aux définitions.**

a Ils sont trois et compris entre – 15 et – 11 :

....

b Ils sont compris entre – 2 et + 5 :

....

du gouffre

Ça monte et ça descend !

4 Lucas a décidé de ranger dans l'ordre décroissant les nombres – 40 ; - 65 ; 0 ; – 80 ; – 30 ; + 15 et – 120.

… utilisant l'exercice 1, aide-le à réaliser ce classement.

....

....

5 **Complète à l'aide des symboles « < » et « > ».**

- + 4 .... + 7.
- + 3 .... – 8.
- – 5 .... + 7.
- – 4 .... – 7.
- – 8 .... – 6.
- – 6 .... + 6.

6 On appelle **distance à zéro** d'un nombre, ce nombre privé de son signe.

Des exemples : la distance à zéro du nombre – 3 est 3 ; la distance à zéro du nombre + 5 est 5.

a La distance à zéro de – 2 est

....

b La distance à zéro de – 23 est

....

c La distance à zéro du nombre + 9 est ....

d 5 est .... du nombre négatif – 5, mais 5 est aussi la .... du nombre positif ....

e Deux nombres .... ont la même distance à zéro.

Des nombres comme + 2 et – 2 sont dits « opposés ».

7 **Place sur la figure les points *B*(– 4 ; 3) ; *E*(– 1 ; 1) ; *A*(– 4 ; – 1) et le point *U* d'abscisse – 7 et d'ordonnée 1, puis trace *BEAU*.**

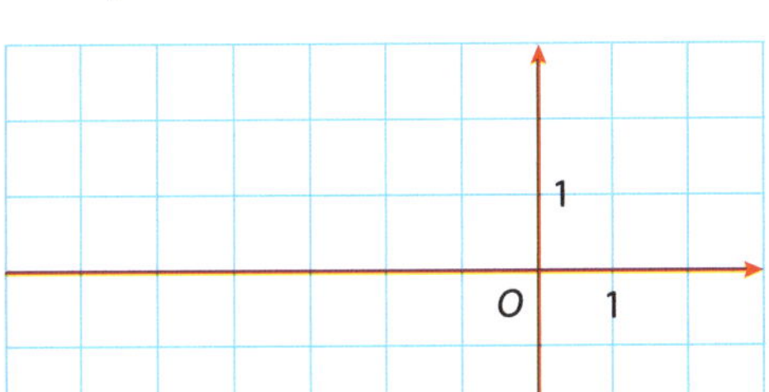

L'EXO COSTAUD

8 **a** Sur l'axe ci-dessous, le point *A* a pour abscisse 0,1. L'abscisse de *E* est – 0,2 et celle de *I* est + 0,6. Le point d'abscisse nulle est *L* et l'abscisse de *T* est la moitié de celle de *F*.

Commence par compter les carreaux entre *R* et *F* pour savoir à combien d'unités correspond un carreau.

Place les points sur l'axe.

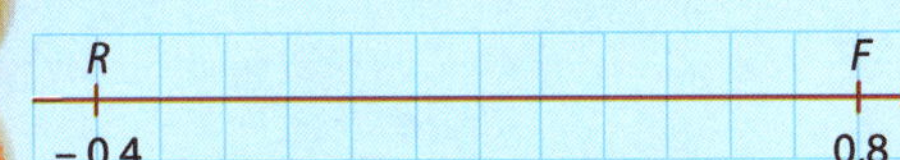

b **Quel est le mot mystère ?**

....

L'EXO MÉMO

9 **Donne les coordonnées des points de la figure.**

A(...... ; ......)

B(...... ; ......)

D(...... ; ......)

E(...... ; ......)

F(...... ; ......)

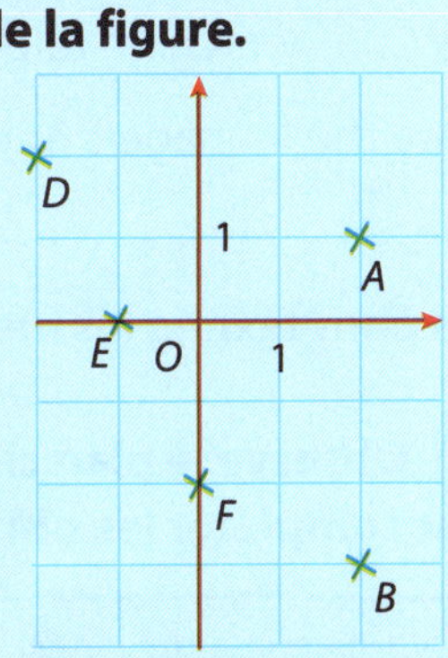

L'EXO RIGOLO

10 Je remplis les océans et ma température est l'opposé du nombre qui se trouve à la même distance des nombres – 40 et + 50.

Suis-je liquide ou solide ?

....

....

What

Amy – Hi, Chris! Wha are you doing here all by yourself[1]?

Chris – Nothing.

Amy – This is ridiculous I can see you're very busy!

Chris – OK, I'm texting some friends.

Amy – Oh! And what are you telling them?

Chris – That we're having a great time here at the holiday camp.

Amy – Do I know those friends of yours?

Chris – Really, Amy! How nosy[2] you are! Leave me alone[3], mind your own business[4]!

Amy – Humph! I am only trying[5] to show some interest. Well, I am meeting the others at the swimming-pool. Bye, Mr Boring[6]!

---

1. **by oneself = alone :** *seul.* 2. **nosy :** *curieuse.* 3. **Leave me alone! :** *Laisse-moi tranquille !* 4. **Mind your own business! :** *Occupe-toi de tes affaires !* 5. **to try :** *essayer.* 6. **boring :** *ennuyeux.*

Comprendre

1 Lis le texte et réponds aux questions (donne une réponse courte).

a. Is Chris watching television? ....

b. Are the teenagers enjoying themselves at the camp?

....

c. Is Chris texting his friends? ....

2 Observe le plan ci-dessous et utilise des prépositions pour compléter les phrases.

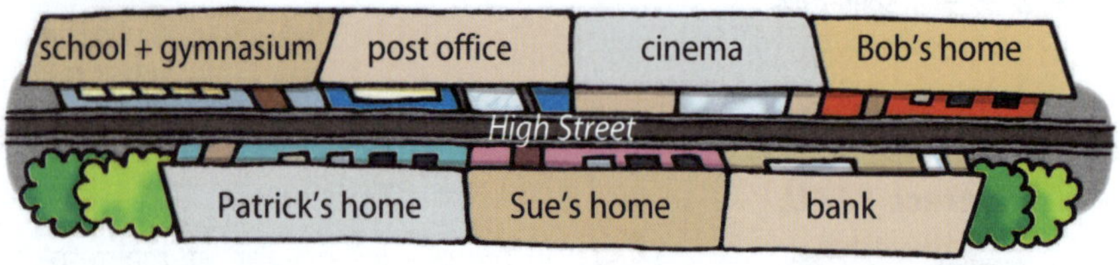

a. Sue's home is .... the bank.

b. There's a bank .... the cinema.

c. There is a cinema .... the post office and Bob's home.

d. .... this town, there is a school .... a gymnasium.

Mots et expressions

Les prépositions de lieu

in *dans*
under *sous*
on *sur*
between *entre*
near *près de*
next to *à côté de*
far from *loin de*
in front of *devant*
behind *derrière*
at *à* (sans mouvement)
to *à* (avec mouvement)
opposite *en face de*
over *au-dessus de*
around *autour de*

Autres prépositions

with *avec* **without** *sans*

a bore!

S'entraîner

3 Complète les phrases avec une forme correcte de *be*.

a. I .... working.

b. My parents .... doing some shopping.

c. .... you doing anything interesting?

d. The sailing instructor .... giving a lesson because there's too much wind.

4 Conjugue les verbes entre parenthèses à la forme *be* + V-*ing*.

a. I'm (sit) ....

b. She's (write) ....

c. We're (swim) ....

d. They're (run) ....

5 Selon la situation, imagine ce que les personnages sont en train de faire.

Ex. Chris and his friend are at the restaurant.
→ They are eating.

a. Lucy is on the beach with a book.

....

b. Laura is trying to catch the bus.

....

c. I am with my friends, there are cards on the table.

....

6 Indique s'il s'agit d'une action en train de se dérouler ou d'un futur. Entoure la bonne réponse.

a. Look ! The cat is watching a mouse! **présent** **futur**

b. Dad is walking the dog after dinner. **présent** **futur**

c. Listen! The baby is crying! **présent** **futur**

LE COURS

Le présent *be* + V-*ing*

• À la **forme affirmative**, le présent ***be*** + base verbale + ***-ing*** se forme avec l'**auxiliaire *be* conjugué au présent** suivi de la base verbale **+ *-ing*.**

Ex. At the moment I **am** do**ing** an exercise and my sister **is** play**ing**. *En ce moment je fais (suis en train de faire) un exercice et ma sœur joue (est en train de jouer).*

• À la **forme interrogative**, on inverse le sujet et l'auxiliaire.

Ex. **Are** you watch**ing** a cartoon? *Regardes-tu (es-tu en train de regarder) un dessin animé ?*

• À la **forme négative**, c'est l'auxiliaire qui porte la négation.

Ex. My parents **are** not go**ing** shopping now, they're at home. *Mes parents ne vont pas faire les courses maintenant, ils sont à la maison.*

Quand employer le présent *be* + V-*ing* ?

• Pour **décrire une action en train de se dérouler** au moment où l'on parle. Il est souvent accompagné de ***now*** (maintenant), ***at the moment*** (en ce moment).

Ex. You can't speak to Kevin now; he is phon**ing** his Granny. *Tu ne peux pas parler à Kevin maintenant ; il téléphone (est en train de téléphoner) à sa Mamie.*

• Pour **parler d'une action** qui sera effectuée dans un **futur proche**.

Ex. What **are** you do**ing** next weekend? We **are** go**ing** to London. *Que faites-vous le week-end prochain ? Nous allons à Londres.*

Attention aux **modifications orthographiques** de certaines bases verbales + *-ing*.

– Lorsque le verbe se termine par un *-e*, ce *e* final disparaît.

Ex. writ**e** → writ**ing**

– Lorsque le verbe se termine par un *-y*, ce *y* reste inchangé.

Ex. tr**y** → tr**ying**

– La consonne finale est doublée si elle est immédiatement précédée d'une voyelle brève et accentuée.

Ex. sli**p** → sli**pp**ing
mais slee**p** → slee**p**ing (voyelle longue [i :])
develo**p** → develo**p**ing (syllabe accentuée *ve*)

Des aliments aux nutriments

LE COURS

La digestion mécanique des aliments

Avant d'être digérés, les aliments sont d'abord coupés et broyés grâce aux dents. Ils sont ensuite brassés plusieurs heures par jour par les muscles du tube digestif.

La digestion chimique des aliments

- Les aliments subissent successivement l'action des enzymes des divers **sucs digestifs** sécrétés par les glandes salivaires, par l'estomac, le pancréas et l'intestin.
- Les aliments sont transformés en substances plus simples appelées « **nutriments** », qui forment une bouillie, le « **chyme** ».

Le devenir des nutriments

- Les nutriments traversent la paroi de l'intestin grêle et passent ainsi dans le sang : c'est l'**absorption intestinale**.
- Les aliments non digérés, des nutriments non absorbés, progressent dans l'intestin grêle et forment les **selles** évacuées par l'anus.

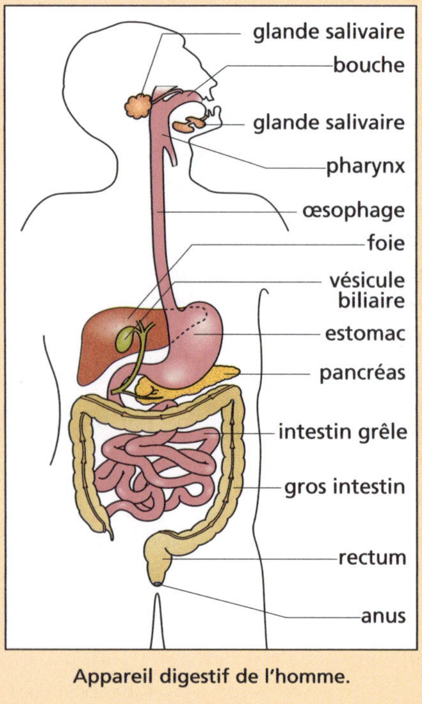

Appareil digestif de l'homme.

1 **Spallanzani relate l'expérience faite sur lui-même en 1780.**

« Il s'agissait de prendre par la bouche une bourse de toile contenant du pain mâché ; je garde cette bourse 23 h avant de la rejeter par les selles ; elle ne contenait plus de pain, mais une pâte blanchâtre, fine, liquide. »

a. Énumère, dans l'ordre, les organes par lesquels la bourse est passée durant l'expérience.

....

b. Pourquoi le pain est-il devenu liquide ?

....

2 **a. Définis brièvement le terme *nutriment*.**

....

b. L'eau et les sels minéraux sont-ils des nutriments ?

....

3 Après un repas, on prélève le contenu du tube digestif à divers niveaux ; on mesure la quantité de glucose dans ces prélèvements.

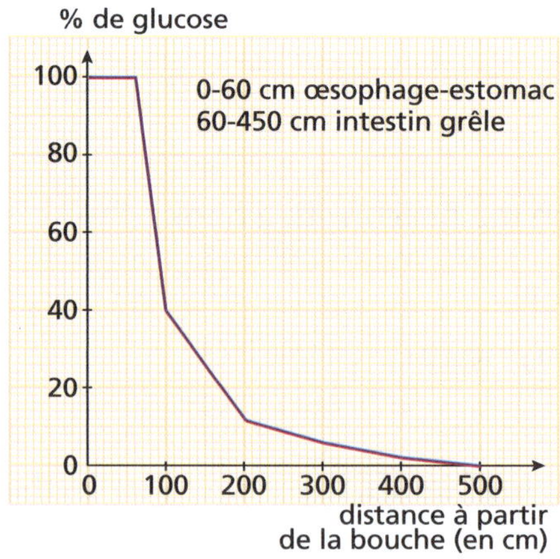

a. Explique l'évolution de la quantité de glucose dans le tube digestif.

....

b. Grâce à des millions de replis (les villosités), la surface interne de l'intestin grêle est estimée à 200 m².
En quoi ces données permettent-elles de compléter la réponse à la question a ?

....

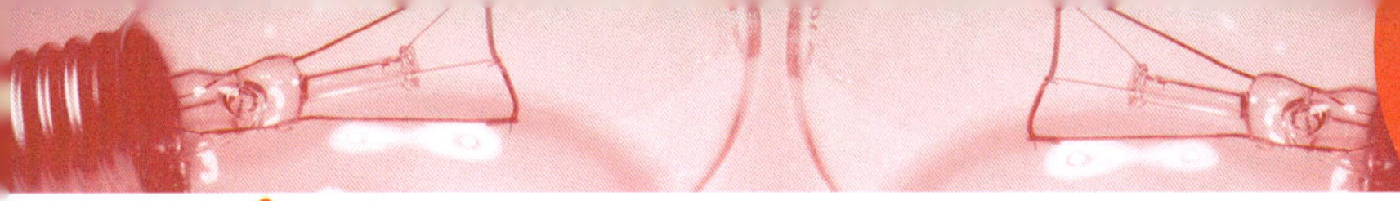

Les circuits en série, en dérivation

1 **a. Les lampes des circuits suivants sont-elles montées en série ou en dérivation (parallèle) ?**

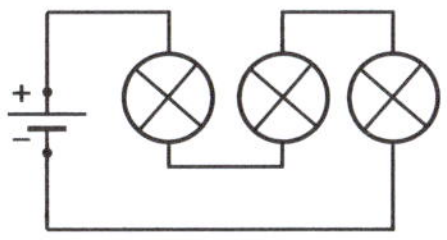
a.

....

....

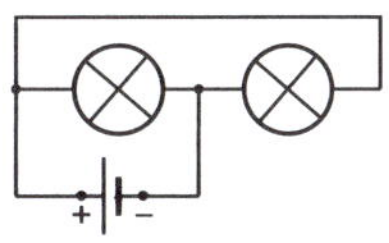
b.

b. Indique sur les schémas le sens de circulation du courant.

2 **Dans ces circuits, que se passe-t-il si l'on ouvre l'interrupteur K ?**

a.

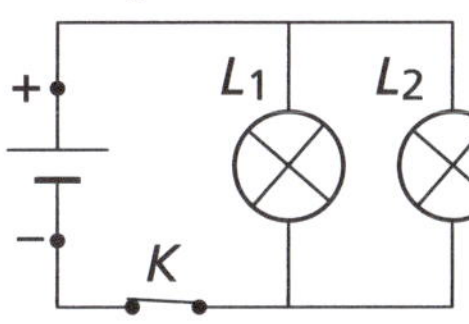

b.

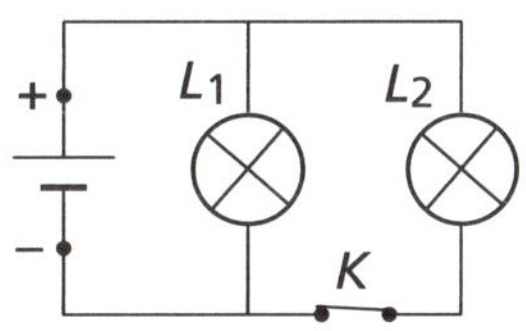

....

....

3 **Dans ce circuit, que se passe-t-il si l'on dévisse :**

a. la lampe L_1 ?

....

b. la lampe L_2 (après avoir revissé L_1) ?

....

c. la lampe L_3 (après avoir revissé L_2) ?

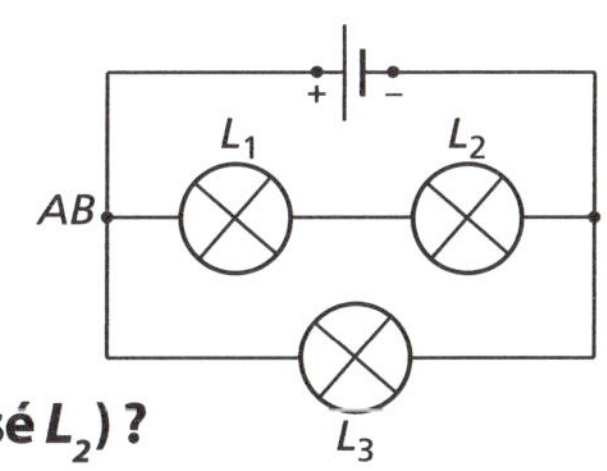

....

4 **Que se passe-t-il si l'on ajoute un fil de connexion entre les points *A* et *B* dans les circuits suivants ?**

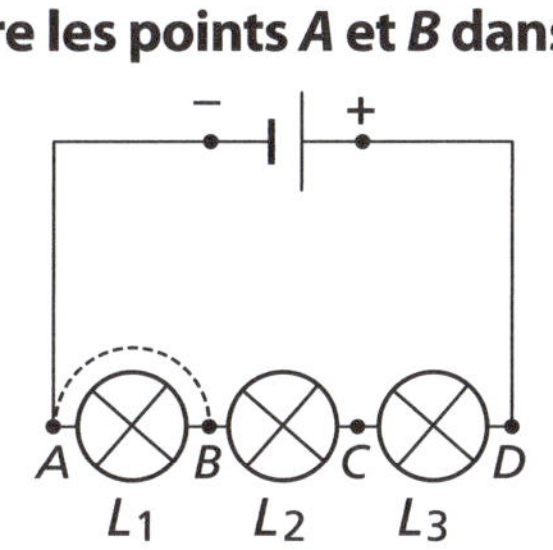

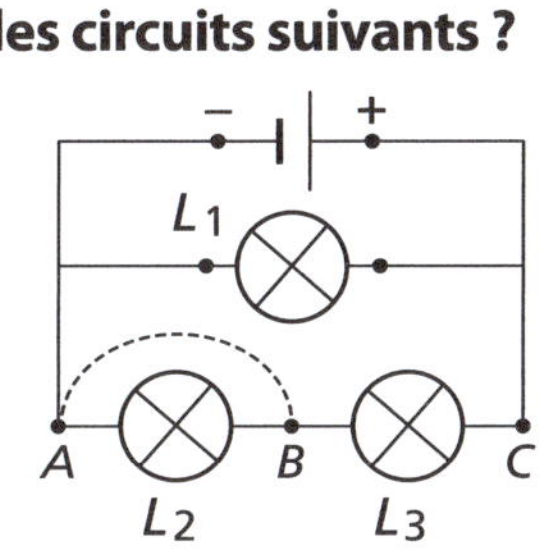

a. ....

b. ....

LE COURS

Deux circuits différents

Deux circuits peuvent être réalisés avec une seule pile et deux lampes.

- **Circuit comportant une seule « boucle »**

Il existe un seul trajet possible pour le courant électrique entre la borne + et la borne –.
On dit que les lampes sont montées **en série**.

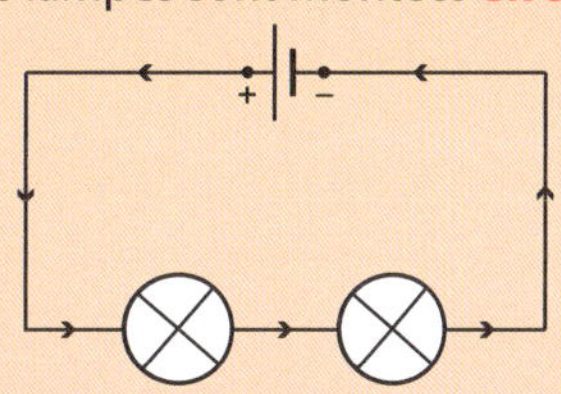

Si nous dévissons l'une des deux lampes de ce circuit, l'autre s'éteint.

- **Circuit comportant plusieurs « boucles »**

Il existe deux trajets différents pour le courant électrique entre la borne + et la borne –.
On dit que les lampes sont montées **en dérivation** (ou **en parallèle**).

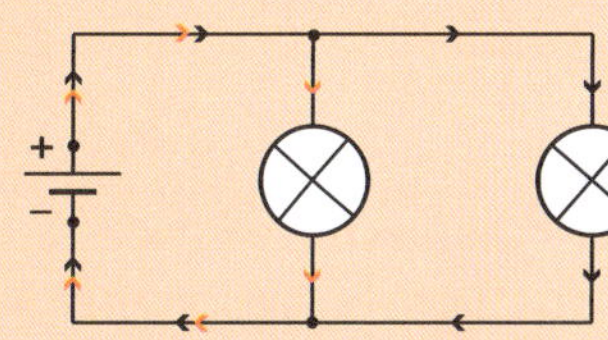

Si nous dévissons l'une des deux lampes de ce circuit, l'autre reste allumée.

Les générateurs

Un générateur (pile, batterie…) **transfère** de l'énergie électrique aux récepteurs (lampe, moteur…) qui la **transforment** en d'autres formes d'énergies (lumière, chaleur, mouvement…).

Bilan Séquence 4

Pour chaque question, coche la (ou les) bonne(s) réponse(s).
Ensuite, reporte-toi aux corrigés du livret détachable (page 10) et inscris ton score sur 10.

Français

1 La phrase correcte est :

a. Votre participation qu'elle qu'elle soit est la bienvenue. ❑
b. Votre participation qu'elle quelle soit est la bienvenue. ❑
c. Votre participation quelle qu'elle soit est la bienvenue. ❑

2 À la 1re personne du singulier, la forme correcte au passé simple est :

a. demanda. ❑
b. demandais. ❑
c. demandai. ❑

3 Le passé simple du verbe « venir » est :

a. il vena. ❑
b. il venait. ❑
c. il vint. ❑

Maths

Pour les questions 4 et 5, on utilise la droite graduée ci-dessous.

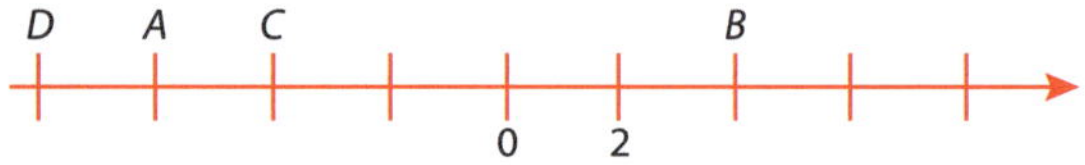

4 L'abscisse du point *B* est :

a. 2 ❑
b. 3 ❑
c. 4 ❑

5 En partant du point d'abscisse – 6 et en avançant de 2 unités dans le sens positif, on arrive au point d'abscisse…

a. – 8 ❑
b. – 4 ❑
c. 4 ❑

6 Les coordonnées du point *M* sont :

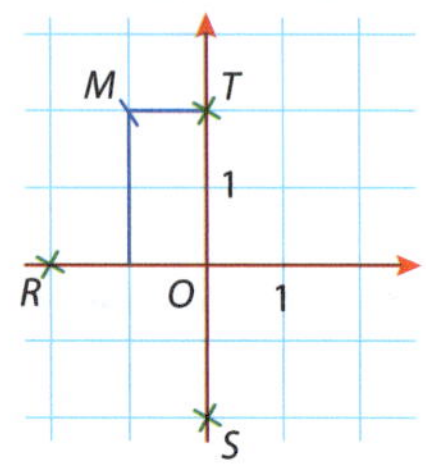

a. (2 ; – 1) ❑
b. (– 1 ; 2) ❑
c. (1 ; 2) ❑

Anglais

7 The children … on the beach.

a. are play ❑
b. is playing ❑
c. are playing ❑

8 Look! Chris is … a big box.

a. carry ❑
b. carrying ❑
c. carring ❑

SVT

9 Le mot « nutriment » désigne :

a. une substance qui passe de l'intestin au sang. ❑
b. un plat copieux. ❑
c. un aliment très nutritif. ❑

Physique

10 Combien de circuits différents peut-on réaliser avec 1 pile et 2 lampes ?

a. 1. ❑
b. 2. ❑
c. 3. ❑

Total …. / 10

Séquence 5

Drôle de

Le narrateur est un bébé qui, ne voulant pas montrer qu'il pense et parle, n'a encore prononcé que deux mots : papa et maman.

Un jour, ma mère arriva dans le salon avec un animal à long cou dont la queue mince et longue terminait dans une prise de courant. Elle poussa un bouton et la bête amorça une plainte régulière et ininterrompue. La tête se mit à bouger sur le sol en un mouvement de va-et-vient qui entraînait le bras de Maman derrière elle. Parfois, le corps avançait sur ses pattes qui étaient des roulettes.

Ce n'était pas la première fois que je voyais un aspirateur mais je n'avais pas encore réfléchi à sa condition. Je m'approchai de lui à quatre pattes pour être à sa hauteur ; je savais qu'il fallait toujours être à la hauteur de ce qu'on examinait. Je suivis sa tête et posai ma joue sur le tapis pour observer ce qui se passait. Il y avait un miracle : l'appareil avalait les réalités matérielles qu'il rencontrait et les transformait en inexistence.

[…]

Sans plus attendre, j'ouvris la bouche et je scandai les quatre syllabes : « Aspirateur ! »

Un instant interdite, ma mère lâcha le cou du tuyau et courut téléphoner à mon père :

– Elle a dit son troisième mot !

– C'est quoi ?

– Aspirateur !

– Bien. Nous en ferons une ménagère accomplie[1].

Il devait être un peu déçu.

Amélie Nothomb,
Métaphysique des tubes © Albin Michel, 2000.

1. *parfaite.*

Lecture et compréhension

1 **Que sont « *les réalités matérielles* » (l. 17) et en quoi consiste leur transformation en « *inexistence* » ?**

....

....

2 **Relève une phrase qui montre la déception d'un des personnages.**

....

Vocabulaire

3 **Étudie la comparaison en complétant le tableau.**

Le comparé : l'aspirateur	**Le comparant :** un animal
tuyau, tube	cou
	queue
bruit	
roulettes	
	animal à long cou

serpent !

4 Trouve dans le texte des synonymes des mots suivants.

a. commença : ....

b. une navette : ....

c. observait : ....

d. un prodige : ....

e. stupéfaite : ....

f. désappointé : ....

Orthographe

5 Réécris les phrases en mettant au pluriel le mot souligné et fais les accords nécessaires.

a. Parfois, le <u>corps</u> avançait sur ses pattes. (l. 8)

....

b. Il devait être un peu <u>déçu</u> (l. 29)

....

c. <u>Je</u> suivis sa tête et posai ma joue sur le tapis. (l. 15)

....

....

Grammaire – Conjugaison

6 Donne la classe grammaticale des mots soulignés.

<u>Ma</u> mère arriva <u>dans</u> le <u>salon</u> <u>avec</u> un animal à <u>très</u> <u>long</u> cou.

a. ma : ....

b. dans : ....

c. salon : ....

d. avec : ....

e. très : ....

f. long : ....

7 Écris les verbes en choisissant l'imparfait ou le passé simple (voir *Le cours*).

a. Je (passer).............................. l'aspirateur quand il me (sembler) .... entendre une plainte.

b. Chaque été j'(aller) .... chez mes grands-parents mais, cette année-là, je (partir) .... en Angleterre. c. On (sonner) .... à la porte, je m' (arracher).............................. à mon livre et (aller) .... ouvrir.

LE COURS

Les classes grammaticales

On distingue dix classes grammaticales (nature) :

• Cinq classes de mots variables : **noms**, **verbes**, **adjectifs qualificatifs**, **pronoms** (remplacent un nom : Marie est en retard, mais **elle** arrive), **déterminants** (accompagnent un nom : je ne connais pas **ce** film).

• Cinq classes de mots invariables :
– **adverbes** (très, loin, toujours, vraiment…),
– **prépositions** (à, dans, par, pour, en, vers, avec, de, sans, sous, chez…),
– **conjonctions de coordination** (mais, ou, et, donc, or, ni, car),
– **conjonctions de subordination** (quand, puisque, dès que, parce que, afin que…),
– **interjections** (Ah ! Hélas !…).

Le récit au passé

Pour raconter au passé, on emploie principalement deux temps complémentaires : le **passé simple** et l'**imparfait**.

• Le **passé simple** exprime des actions importantes, limitées dans le temps.

Ex. Elle **poussa** le bouton.

• L'**imparfait** exprime des actions non limitées dans le temps ; il convient donc pour **décrire** (imparfait de description), pour dire une **action secondaire**, pour évoquer une **habitude**.

Ex. Je **dormais** quand un cri **retentit**.
action secondaire — action principale
imparfait — passé simple

Jeux dans

As, roi, dame, valet…

1 Il fait trop chaud pour se promener ! Manon et Lucas ont décidé de s'installer à l'ombre du saule pleureur pour faire une partie de cartes.

Barre les cartes qui ne possèdent pas un centre de symétrie.

2 Construis le symétrique de *ACBD* par rapport au point *O*.

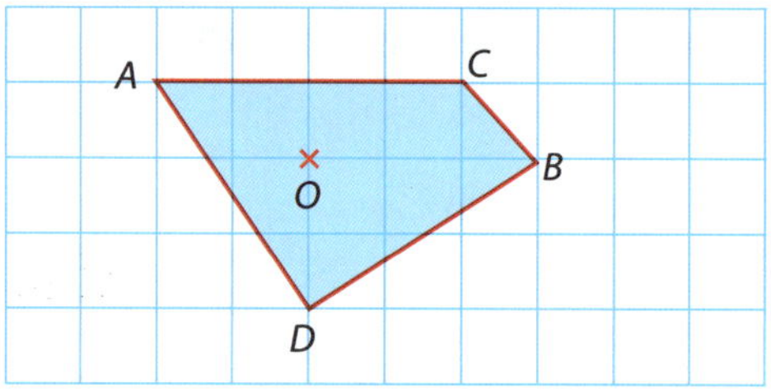

3 Au compas et à la règle, construis le symétrique de la figure par rapport au point *O*.

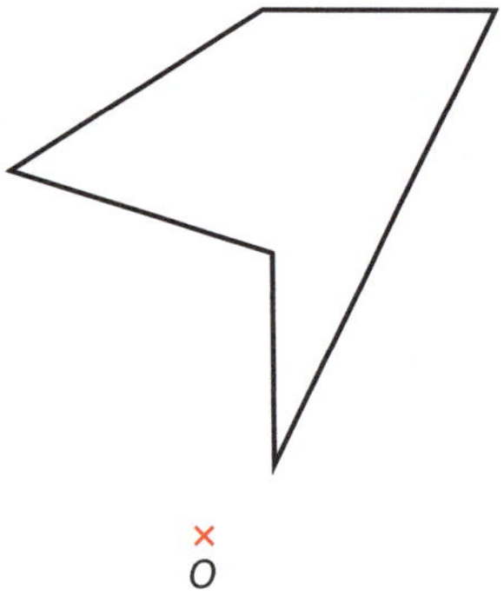

LE COURS

Symétrique

• Soit *O* et *M* deux points distincts. On appelle **symétrique** de *M* par rapport au centre *O* le point *M′* tel que *O* soit le milieu de [*MM′*].

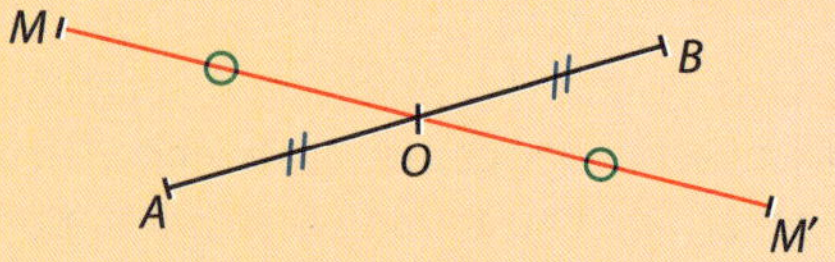

Ex. *M′* est le symétrique de *M* par rapport à *O* et *B* est le symétrique de *A* par rapport à *O*.

• *Remarques :*
– Le symétrique de *O* par rapport à *O* est *O* lui-même.
– On dit aussi que *A* et *B* sont symétriques par rapport à *O*.

Centre de symétrie

On dit qu'un point *O* est un **centre de symétrie** d'une figure si cette figure est confondue avec son symétrique par rapport au point *O*.

Ex. Un parallélogramme possède un centre de symétrie qui est le point d'intersection de ses diagonales.

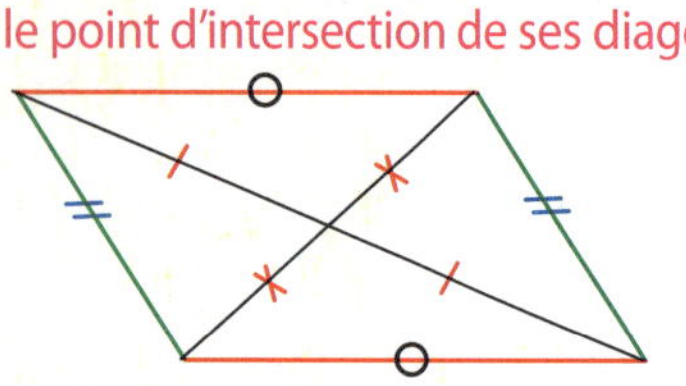

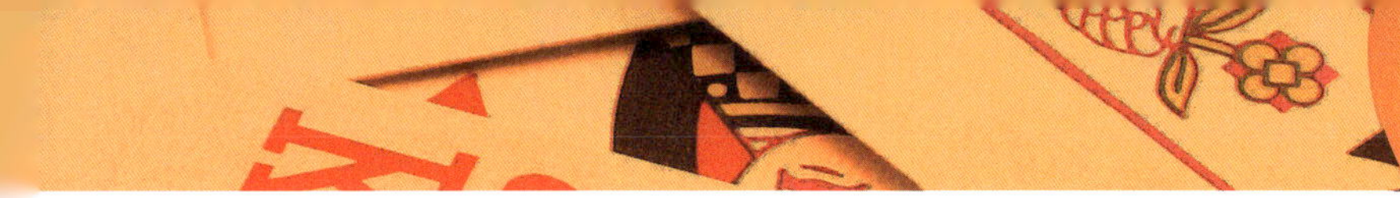

le jardin

Place aux dames !

4 Ils décident maintenant de jouer aux dames.

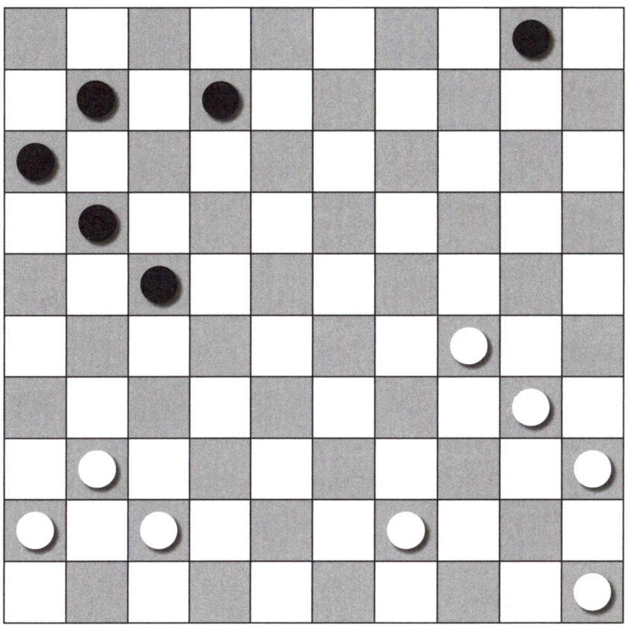

a Le plateau de jeu (sans les jetons ronds) possède un centre de symétrie.
Marque-le d'une croix.

Place les symétriques des jetons blancs, puis ceux des jetons noirs.

b Manon vient de jouer. Elle est contente car ses points blancs sont les symétriques des points noirs de son frère.
Complète le jeu avec un minimum de pions blancs et noirs pour obtenir la position obtenue par Manon.

5 **Pour chacune des cinq figures, marque d'une croix le centre de symétrie *O* s'il existe.**

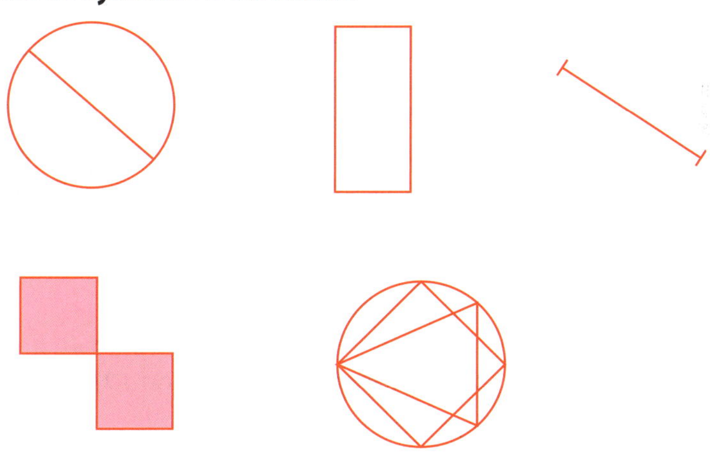

L'EXO MÉMO

6 **Complète les phrases suivantes.**

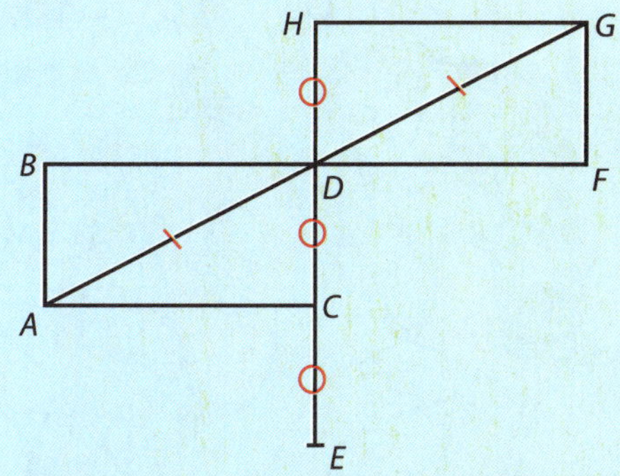

- Le symétrique de *A* par rapport à *D* est ....
- Le symétrique de .... par rapport à *D* est *H*.
- Le symétrique de [*AC*] par rapport à *D* est ....
- Le symétrique de............................ par rapport à............................ est *E*.

L'EXO COSTAUD

7 **Construis les différents points *D* tels que les quadrilatères *ABCD*, *ABDC* et *ADBC* aient un centre de symétrie.**

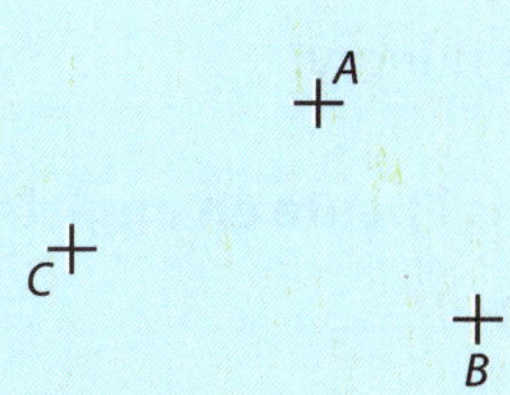

A visit

Rob – Shall we see a show when we arrive?

Sue – I'd like to see the sea lion[1] show. And then, why not look at the otters[2]?

Ted – I'd rather take the boat tour.

Rob – But then we can't see the seal[3] training[4]. I'd prefer to do that.

Sue – It's too complicated. What about having lunch and going to the afternoon shows?

Rob – Yes, let's do that. I'm hungry[5]!

Ted – Don't speak of food[6]! I'm so hungry I could[7] eat a seal…

---

1. a sea lion : *un lion de mer.* **2. an otter :** *une loutre.* **3. a seal :** *un phoque.* **4. to train :** *s'entraîner.* **5. be hungry :** *qui a faim.* **6. food :** *la nourriture.* **7. I could :** *je pourrais.*

Comprendre

1 Vrai (V) ou faux (F) ? Lis le texte et entoure la bonne réponse.

a. They are going to the park. V F

b. Sue wants to see the sea lions. V F

c. Rob had rather take the boat tour. V F

d. At the end they all want the same thing. V F

2 Réponds aux questions.

a. Is there a shark show? ……………………………………………

b. What time is the seal training? ……………………………………

c. Who is hungry? ……………………………………………………

3 Écris l'heure en anglais et en toutes lettres.

a. 6 h 10 ……………………………………………………………

b. 18 h 10 …………………………………………………………

c. 14 h 30……………………………………………………

d. 3 h 15 ……………………………………………………

e. 12 h 45 …………………………………………………

Mots et expressions

Dire l'heure

• On compte les heures de 1 à 12 jusqu'à midi en utilisant **a.m.** et de 1 à 12 de midi à minuit **p.m.**

It's 10 a.m. *Il est 10 h du matin.*

It's10 p.m. *Il est 22 h ou 10 h du soir.*

• Pour l'heure juste, on utilise l'expression **o'clock.**

It's 11 o'clock. *Il est 11 heures.*

• Pour dire l'heure, on indique **d'abord les minutes**, puis **l'heure**.

On utilise **past (après)** entre l'heure juste et l'heure et demie et **to (avant)** entre l'heure et demie et l'heure suivante.

It's 20 past 10. *Il est 10 h 20.*

It's 20 to 11. *Il est 10 h 40 ou 11 h moins 20.*

• Cas particuliers :

It's quarter past ten. *10 h 15* ou *10 h ¼.*

It's half past ten. *10 h 30* ou *10 h ½.*

to the aquarium

S'entraîner

4 Remets les mots dans l'ordre pour former trois suggestions.

a. going / the / aquarium / What / to / about / ?

....

....

b. on / play / I / computer / 'd / the / rather / .

....

....

c. not / go / ice-cream / Why / and / eat / ? / an

....

....

5 Complète les phrases avec *let's*, *what about* ou *shall we*. (Regarde bien la ponctuation.)

a. .... go to the Adventure Park!

b. .... play football?

c. .... watching a cartoon?

d. .... play video games!

6 Utilise l'impératif pour donner des ordres à Julia et John qui ne respectent pas les règles de l'aquarium.

a. Julia refuses to buy her ticket.

....

b. John is giving sweets to the penguins.

....

c. Julia refuses to stand in line.

....

d. John is pushing the other tourists.

....

LE COURS

Dire ce que l'on aimerait faire, faire des propositions, des suggestions

• On utilise l'auxiliaire ***would ('d) like to*** + base verbale.

> **Ex.** **I'd like to** play football tomorrow but Tom **wouldn't like to** play with me. *J'aimerais jouer au foot demain mais Tom n'aimerait pas jouer avec moi.*
> **Would** you **like to** come to the stadium with me? *Aimerais-tu venir au stade avec moi ?*

• On peut faire des propositions avec ***what about*** + base verbale + ***-ing*** + ? / ***shall I*** ou ***shall we*** + base verbale + ?

> **Ex.** **What about** seeing a movie? / **Shall we** see a movie? *Si on allait voir un film ? / Que diriez-vous d'aller voir un film ?*

• On peut utiliser ***let's (let us)***, l'impératif à la 1re personne du pluriel.

> **Ex.** **Let's** go to the cinema! *Si on allait au cinéma !*
> **Let's** go! *Allons-y !*

Ce sont la voix et le contexte qui indiquent s'il s'agit plutôt d'une ***suggestion*** ou d'un ***ordre***.

Exprimer sa préférence

• On emploie ***would ('d) prefer to*** + base verbale.

> **Ex.** **Would** you **prefer to** go to the beach or to the park? *Préférerais-tu aller à la plage ou au parc ?*

• On utilise aussi ***had rather ('d)*** + base verbale.

> **Ex.** Tim **had rather** make a cake than do the shopping. *Tim aimerait mieux faire un gâteau que faire les courses.*

Donner des ordres (l'impératif)

• On emploie la **base verbale sans sujet**.

> **Ex.** **Open** the door! *Ouvre la porte !*

• Pour une interdiction, on utilise ***don't*** + base verbale.

> **Ex.** **Don't forget** your sunglasses! *N'oublie pas tes lunettes de soleil !*

L'Humanisme et la Renaissance en Europe

LE COURS

L'Humanisme

À partir du XVe siècle se développe en Europe le mouvement humaniste. Les humanistes placent l'**homme et la raison** au centre de la création. À la suite d'**Érasme**, ils traduisent la Bible et les auteurs grecs et latins. Par l'éducation, ils veulent construire un homme nouveau, cultivé, ouvert à tous les savoirs. Grâce au développement de l'**imprimerie** par Gutenberg, leurs idées sont diffusées dans toute l'Europe et les sciences se développent.

La Renaissance

Pour les humanistes, la beauté est le reflet dans la nature de la puissance de Dieu. Pour l'atteindre, les artistes se servent des modèles fournis par les œuvres de l'**Antiquité**. Grâce aux progrès de l'anatomie, ils redécouvrent les proportions du corps humain. En peinture, **Masaccio** invente les règles de la **perspective**. De nouveaux sujets apparaissent, avec le portrait et le paysage.

La Réforme : naissance du protestantisme

- Au XVIe siècle, l'Église est en crise. **Luther**, moine allemand, dénonce la vente d'indulgences par le pape et remet en cause son autorité et l'utilité du clergé. Il traduit la Bible en allemand, refuse le culte des saints, affirme que **seule la foi est nécessaire pour le salut** et non la charité.
- **Calvin**, français réfugié à Genève, affirme que Dieu sait à l'avance qui va être sauvé : c'est la doctrine de la **prédestination**.
- En Angleterre, **Henri VIII** rompt avec Rome et crée l'**Église anglicane**.
- La rupture entre catholiques et protestants mène aux **guerres de Religion**. L'unité de l'Europe chrétienne n'existe plus.

1 **Associe les artistes et intellectuels de la Renaissance avec leur pays d'origine et une de leurs œuvres majeures.**

Raphaël	**1.** France	**A.** Les Époux Arnolfini
Rabelais	**2.** Pays-Bas	**B.** Hamlet
Dürer	**3.** Italie	**C.** Des révolutions des corps célestes
Copernic	**4.** Angleterre	**D.** Gargantua
Van Eyck	**5.** Allemagne	**E.** L'École d'Athènes
Shakespeare	**6.** Pologne	**F.** La Mélancolie

2 Pour les humanistes, l'homme est la mesure de toute chose.
En quoi ce dessin de Léonard de Vinci le montre-t-il ?

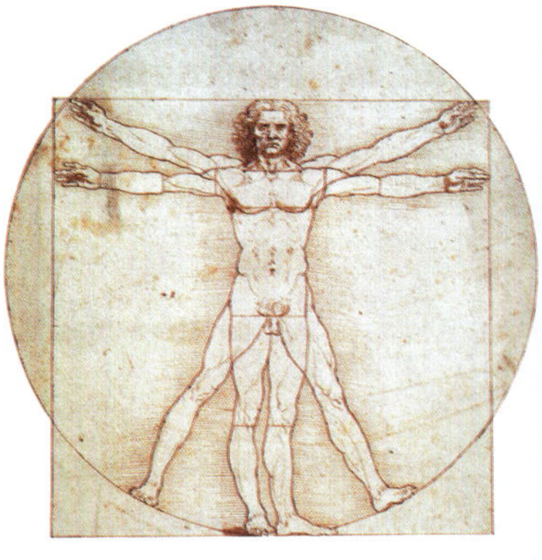

....
....
....
....
....
....

3 **Complète le tableau.**

	Catholiques	Protestants
Le pape est leur chef.		
Il y a un clergé.		
7 ou 2 sacrements ?		
Ils prient la Vierge et les saints.		
Bible en latin ou dans la langue du pays ?		
Le salut : par la foi ? par la charité ?		

Les inégalités devant la santé

1 Écris le terme correspondant à la définition donnée.

a. Une alimentation insuffisante pouvant menacer la santé ou la vie des personnes : ....

b. Rendre une région saine : ....

c. Une alimentation déséquilibrée provoquant un mauvais état de santé : ....

2 Vrai ou faux ? Coche la bonne réponse.

a. L'obésité est une maladie des pays riches.

☐ VRAI ☐ FAUX

b. Le paludisme est transmis par un moustique.

☐ VRAI ☐ FAUX

c. La mortalité infantile est plus élevée quand les mères sont analphabètes.

☐ VRAI ☐ FAUX

3 Observe la carte ci-dessous et complète le texte.

Le SIDA s'est diffusé dans le monde à la fin du .... siècle.

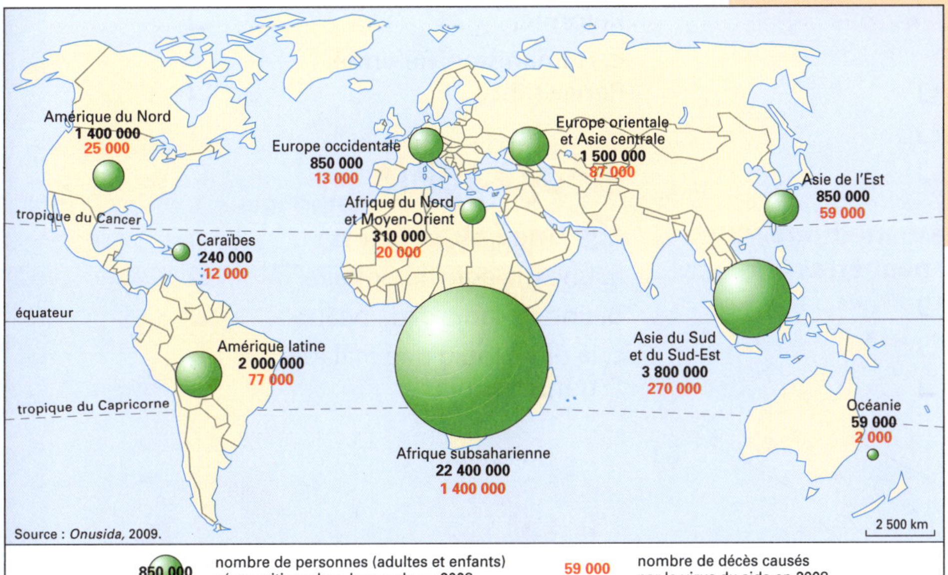

Cette épidémie est devenue une .... qui touche surtout les populations des continents .... et ....

LE COURS

Les déterminants de la santé

- La santé des populations dépend d'abord de l'**assainissement** du cadre de vie, de l'**accès à l'eau potable et à une nourriture suffisante**.
- Le niveau de santé varie aussi en fonction de l'application des **règles d'hygiène**, des **équipements de santé** et des **conditions d'accès aux soins**.
- La santé des personnes favorise le **développement économique et social** d'une société dans son ensemble.

Le clivage Nord/Sud

- Près de **30 % de la population mondiale** souffrent du manque de nourriture **(sous-alimentation)** ou de multiples formes de **malnutrition**, surtout en Afrique et en Asie.
- Les pays du Nord ont mis au point des systèmes de santé pour le plus grand nombre, alors que l'accès aux soins reste inégalitaire et coûteux dans les pays du Sud.

Des épidémies mondiales

- La multiplication des échanges de marchandises et de personnes favorise la diffusion des **épidémies**. Le paludisme concerne les régions chaudes et humides, alors que le SIDA s'est diffusé à l'ensemble de la planète ; le SIDA est ainsi devenu une **pandémie**.
- L'**Organisation mondiale de la santé** (l'OMS) assure un système de surveillance et d'alerte sanitaires.

Bilan Séquence 5

Pour chaque question, coche la (ou les) bonne(s) réponse(s).
Ensuite, reporte-toi aux corrigés du livret détachable (page 13) et inscris ton score sur 10.

Français

1 Dans l'expression « un ciel sans nuage », « sans » est :

a. un déterminant. ❑
b. une préposition. ❑
c. un adverbe. ❑

2 Dans l'expression « Je le regarde », « le » est :

a. un déterminant. ❑
b. un pronom. ❑
c. une préposition. ❑

3 La phrase correcte est :

a. Soudain, le vent se levait et le ciel s'assombrit. ❑
b. Soudain, le vent se leva et le ciel s'assombrit. ❑
c. Soudain, le vent se leva et le ciel s'assombrissait. ❑

Maths

4 Quelle figure usuelle n'a pas de centre de symétrie ?

a. un triangle isocèle ❑
b. un cercle ❑
c. un segment ❑

5 Le symétrique d'une demi-droite *[AI)* par rapport à un point *O* peut être :

a. [*A'I'*] ❑
b. (*A'I'*) ❑
c. *[A'I')* ❑

6 Quel est le centre de symétrie de cette figure ?

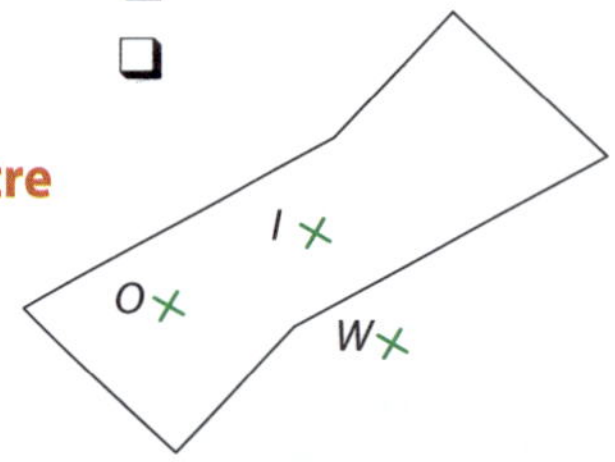

a. le point *I* ❑
b. le point *O* ❑
c. le point *W* ❑

Anglais

7 5 h 40 indique qu'il est :

a. twenty past five. ❑
b. twenty to six. ❑
c. twenty to five. ❑

8 What can we do this afternoon?

a. What about playing football? ❑
b. Let's playing football. ❑
c. I'd rather playing football. ❑

Histoire

9 L'ordre chronologique de ces mouvements est :

a. Renaissance, Humanisme, Réforme. ❑
b. Humanisme, Renaissance, Réforme. ❑
c. Humanisme, Réforme, Renaissance. ❑

Géographie

10 Une épidémie est :

a. une maladie héréditaire. ❑
b. une maladie de la peau. ❑
c. la diffusion d'une maladie transmissible. ❑

Total .... / 10

Séquence 6

Des dessins

D'étranges dessins apparaissent dans les champs de blé anglais. Des messages laissés par les extraterrestres ?

Qui peut bien être l'auteur des mystérieux cercles qui apparaissent depuis quelques mois dans les champs du sud de l'Angleterre ? Chaque fois, l'histoire est identique… Un matin, un fermier découvre un incroyable dessin dans son champ, qui n'y était pas la veille au soir ! Le blé ou le maïs a été couché sur le sol par une force mystérieuse, pendant la nuit. Aucun indice ne permet de trouver une explication. S'agit-il de messages codés envoyés par de petits hommes verts ? Des traces d'atterrissage de soucoupes volantes ? Une chose est certaine : ces dessins sont beaucoup trop gigantesques et complexes pour avoir été faits par des êtres humains !

Toi aussi, tu crois à ces histoires ? Alors, lis vite la suite !

Ces dessins étranges n'ont rien d'extraterrestre ! Le premier d'entre eux a été l'œuvre de deux farceurs anglais, David Chorley et Doug Bower. Une nuit, ils ont discrètement tracé de grands cercles dans un champ avec une corde et une barre en métal, pour faire croire qu'une soucoupe s'y était posée. Leur blague a marché au-delà de leurs espérances ! Grisés par leur succès, ils ont recommencé régulièrement pendant des années, et ont été imités dans le monde entier avant d'avouer en 1991 que cette histoire n'était qu'une plaisanterie…

Le mystère des dessins venus d'ailleurs
Bruno Muscat © Astrapi n° 681 (1er avril 2008).

Lecture et compréhension

1 Où sont apparus les premiers dessins mystérieux ?

....

2 Quelles explications propose-t-on dans un premier temps ?

....

....

....

3 Qui sont les auteurs des premiers dessins ?

....

Vocabulaire

4 Souligne, quand c'est possible, le préfixe et le suffixe des mots suivants.

a. extraterrestre
b. incroyable
c. atterrissage
d. apolitique
e. antimite
f. farceur
g. plaisanterie
h. invisible
i. soucoupe

5 Entoure les mots qui commencent par un préfixe privatif (= négatif).

Ex. « Impossible » (le contraire de « possible ») commence par le préfixe privatif « im- », alors que dans « interdire », « in- » n'est pas un préfixe privatif.

a. indice
b. immerger
c. asocial
d. imiter
e. analphabète
f. illettré
g. insolation
h. irréfléchi

venus d'ailleurs...

Orthographe

6 Complète par *er*, *é*, *és* ou *ées*. Un verbe qui se termine par *-er* peut être remplacé par *prendre*, *mordre* ou *vendre*.

a. Nous pouvons nous interrog........ sur les dessins soi-disant laiss........ par des extraterrestres.

b. Ces dessins ont été trac........ par deux farceurs.

c. Il faut se méfi........ des explications trop rapidement donn........ .

Grammaire

7 Souligne les verbes à la voix passive. Il n'y a que deux compléments d'agent dans ces phrases ; entoure-les.

a. Le blé a été couché sur le sol.

b. Les extraterrestres ont débarqué.

c. La figure avait été tracée par des inconnus il y a longtemps.

d. Les blés étaient écrasés à cet endroit.

e. Le fermier a moissonné son champ.

f. Le message a été envoyé par un vaisseau spatial.

8 Donne le temps des formes passives suivantes.

a. Il est trompé : ....

b. Il sera tracé : ....

c. Il a été pris : ....

d. Il était connu : ....

9 Donne la fonction des mots soulignés.

Ce célèbre tableau a été peint par Léonard de Vinci ; nous l'admirons au Louvre.

a. célèbre : ....

b. par Léonard de Vinci : ....

c. l' : ....

LE COURS

Le complément d'objet direct

• Le **complément d'objet direct** (COD) est un complément essentiel (on ne peut le supprimer). Il peut être un nom, un pronom, un verbe à l'infinitif...

• Pour le trouver, on pose la question **« Qui ? »** ou **« Quoi ? »** à partir du verbe.

> *Ex.* J'ai vu **un dessin** ; je **l'**examine.
> J'ai vu quoi ? **un dessin** : COD du verbe « voir » ;
> J'examine quoi ? **l'** : COD du verbe « examiner ».

• Un verbe qui se construit avec un COD est **transitif direct**.

La voix passive

• À la **voix active**, le sujet effectue l'action ; à la **voix passive** il la subit et c'est le complément d'agent qui effectue l'action.

> *Ex.* Le Martien **envoie** un message.
> sujet — verbe à la v. active — COD
>
> Un message **est envoyé** par le Martien.
> sujet — verbe à la v. passive — complément d'agent

• Seuls les verbes transitifs directs peuvent se mettre à la voix passive. On utilise l'auxiliaire **être** et le participe passé s'accorde avec le sujet.

• Chaque temps peut se mettre à la voix passive : il suffit de mettre l'auxiliaire **être** à ce temps.

présent actif : il envoie → il **est** envoyé : **présent** passif

imparfait actif : il envoyait → il **était** envoyé : **imparfait** passif

passé simple actif : il envoya → il **fut** envoyé : **passé simple** passif

passé composé actif : il a envoyé → il **a été** envoyé : **passé composé** passif

Retour dans

LE COURS

Règles de calcul

Soit a et b deux distances à zéro (la distance à zéro d'un nombre est ce nombre privé de son signe). Il y a quatre types de calcul :

① $+a+b$; ② $-a-b$;
③ $+a-b$; ④ $-a+b$.

• On détermine d'abord le signe du résultat : c'est celui qui précède le plus grand des nombres a et b.
• On calcule ensuite la distance à zéro du résultat.
Pour les cas ① et ②, on additionne a et b.
Pour les cas ③ et ④, on soustrait le plus petit des nombres a et b du plus grand.

Ex. Pour $-8-4$, le signe du résultat est « – » et on additionne 8 et 4 : $-8-4=-12$.
Pour $-13+19$, le signe du résultat est « + » et on soustrait 13 de 19 : $-13+19=6$.

Simplification de parenthèses

Soustraire un nombre relatif, c'est ajouter son opposé.
Soit a un nombre relatif. On a :

$$-(+a)=+(-a)=-a \text{ et } -(-a)=+(+a)=+a.$$

Ex. $-(-18)-(+13)$
$=+18-13$
$=5$.

Tous les chemins...

1 Manon et Lucas sont allés visiter un site gallo-romain.

a Sur un panneau d'information, ils ont lu :
« Sous le règne d'Auguste (– 63 av. J.-C. ; + 14 ap. J.-C.), les premiers… »

• **Quel calcul permet d'obtenir l'âge auquel l'empereur Auguste est mort ?**

....

• **À quel âge Auguste est-il mort ?**

....

b Le guide du site a parlé de l'empereur Claude mort en 54 ap. J.-C. à l'âge de 64 ans.

Quand l'empereur Claude est-il né ?

....

....

2 **Utilise l'axe gradué pour compléter le tableau.**

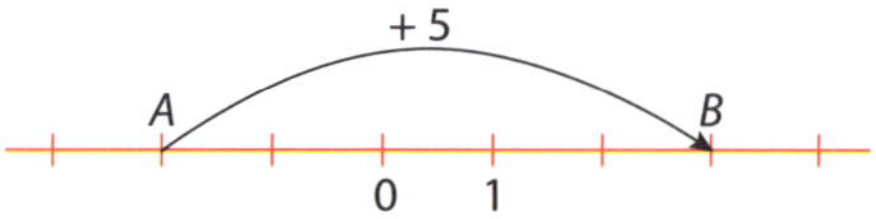

abscisse du point de départ	déplacement	abscisse du point d'arrivée	calcul
– 2	+ 5	+ 3	– 2 + 5 = + 3
– 3	+ 4	....	....
+ 4	– 6	....	+ 4 – 6 = – 2
– 5	+ 2	....	....
– 1	– 2	....	....
+ 3	+ 4	....	....
....	....	....	+ 4 – 5 = – 1

3 **Précise le numéro de la règle du cours utilisée et effectue le calcul.**

• $A=-4+5$: règle n° .... et $A=$ ....

• $B=-6-4$: règle n° .... et $B=$ ....

le temps !

- $C = +3 - 7$: règle n° .... et $C =$ ....
- $D = 3 + 9$: règle n° .... et $D =$ ....
- $E = -14 - 20$: règle n° .... et $E =$ ....

Construit pour durer !

4 Dans le village visité, la construction de l'aqueduc a débuté lorsque l'empereur Auguste avait 53 ans. Cette construction a duré 17 ans.

a En quelle année la construction a-t-elle débuté ?

....

b En quelle année s'est-elle achevée ?

....

5 Effectue les calculs.

Simplifie d'abord les écritures en supprimant les parenthèses.

- $A = 5 + (-6) =$ ....
- $B = -3 - (-7) =$ ....
- $C = 4 - (+6) =$ ....
- $D = -(-7{,}5) - (+4{,}5) =$ ....

6 Calcule les expressions suivantes.

Calcule d'abord dans les parenthèses, puis simplifie.

- $E = 23 - (32 - 14) =$ ....
- $F = (-9 + 4) + (11 - 6) =$ ....
- $G = (-13 + 11) - (5 - 7) =$ ....
- $H = -2 + (-4 + (-8)) =$ ....

7 Un alpiniste part de la vallée où il fait + 11 °C vers le sommet enneigé. Pendant l'ascension, la température baisse de 17 °C.

Quelle est la température au sommet ?

....

L'EXO MÉMO

8 Effectue les calculs.

- $I = -(32{,}4 - 17{,}6) + (-21{,}3 + 12{,}2)$

$=$ ....

- $J = -4{,}9 - (11 - 8{,}2) + (7{,}3 - 22{,}5)$

$=$ ....

L'EXO RIGOLO

9 En 2095, un libraire déniche un exemplaire neuf de ce Passeport ; il l'achète aussitôt 1 000 euros, car c'est un objet de collection ! Il le revend ensuite 1 100 euros. Pris de remords, il le rachète à son client pour 1 300 euros. Mais ayant besoin d'argent, il finit par le céder pour 1 200 euros.

Combien d'argent a-t-il gagné ou perdu avec ce Passeport ?

....

....

....

L'EXO COSTAUD

10 Complète ce carré magique qui contient tous les nombres entiers compris entre – 12 et 12 tels que la somme des nombres sur une ligne, sur une colonne ou sur une diagonale soit nulle.

8	– 1	– 10		
5	– 4			– 11
			– 5	11
		1	– 8	3
– 9	7	– 7	9	

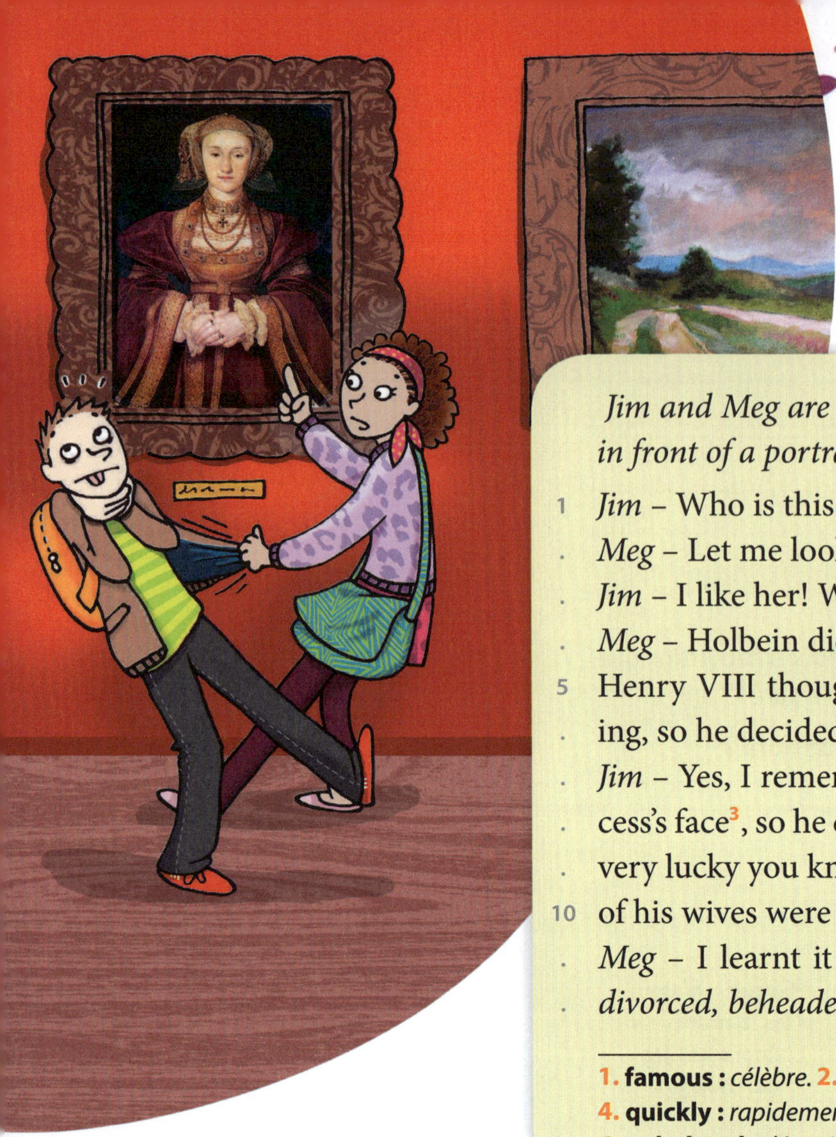

A terrible

Jim and Meg are visiting the Louvre Museum. They stop in front of a portrait. It's a watercolour.

Jim – Who is this lady?
Meg – Let me look… It is Anne of Cleves.
Jim – I like her! Who painted this portrait?
Meg – Holbein did. He was a very famous[1] painter. King Henry VIII thought[2] Anne was beautiful on the painting, so he decided to marry her.
Jim – Yes, I remember now. He didn't like the real princess's face[3], so he divorced her very quickly[4]. But she was very lucky you know, because he had six wives[5] and two of his wives were executed. The poor queens!
Meg – I learnt it at school: *divorced, beheaded*[6]*, died*[7]*, divorced, beheaded, survived*… What a terrible king!

1. **famous :** *célèbre.* 2. **to think, thought :** *penser.* 3. **a face :** *un visage.* 4. **quickly :** *rapidement.* 5. **wife (wives) :** *une épouse (des épouses).* 6. **to behead :** *décapiter.* 7. **to die :** *mourir.*

Comprendre

1 Lis le texte et complète les phrases.

a. The lady in the portrait is called .... **b.** The portrait was painted by .... **c.** King .... married Anne.
d. Henry VIII had .... wives.

2 D'après l'image et le texte, souligne les erreurs dans les phrases, puis à l'aide des mots de l'encadré, écris le mot correct en dessous.

a. This picture is a drawing.

....

b. It shows a landscape of a princess.

....

c. The photographer, Holbein, is very famous.

....

d. This mosaic is in the Louvre Museum.

....

Mots et expressions

a painting *une peinture*
an oil painting *une peinture à l'huile*
a watercolour *une aquarelle*
a drawing *un dessin*
a portrait *un portrait*
a landscape *un paysage*
a photograph *une photographie*
a mosaic *une mosaïque*
a painter *un peintre*
a photographer *un photographe*
a sculptor *un sculpteur*

King!

S'entraîner

3 Réponds aux questions par des réponses courtes (sujet + auxiliaire).

a. Did you go to the museum yesterday? Yes, ...

b. Did your friends go with you?
No, ...

c. Did you enjoy it? Yes, ...

4 Récris les phrases en mettant les verbes entre parenthèses au prétérit.

a. Henry VIII (be) born in 1491.

....

b. He (live) in England. ....

c. He (die) in 1547. ....

5 Pose des questions sur les mots en gras, en commençant les phrases par *who*, *what*, *where* ou *when*.

a. I knew **the story of Henry VIII** already.

....?

b. I read a book about him **last year**.

....?

c. **He** was a great king but not a very nice man.

....?

d. He lived **in England.**...?

LE COURS

Le prétérit simple

On utilise le prétérit pour décrire une action ou une situation passée et terminée.

- À la **forme affirmative**, le prétérit se construit avec la base verbale + ***-ed*** pour les **verbes réguliers**.

> ***Ex.*** I live**d** in Australia last year.
> *J'habitais en Australie l'an dernier (= je n'y habite plus).*

Attention, après les sons [t] et [d], la terminaison ***-ed*** doit se prononcer [id].

> ***Ex.*** My father want**ed** a kangaroo.
> *Mon père voulait un kangourou.*

Un certain nombre de verbes ont une **forme irrégulière** qu'il faut apprendre **par cœur**.

> ***Ex.*** I **saw** a lot of sheeps. *J'ai vu beaucoup de moutons.*

- À la **forme négative**, on utilise l'auxiliaire ***did***. Le verbe reste sous sa forme verbale.

> ***Ex.*** We **didn't live** in Australia for very long.
> We **didn't see** any kangaroos.
> *Nous n'avons pas vécu en Australie très longtemps.*
> *Nous n'avons pas vu de kangourous.*

- À la **forme interrogative**, l'auxiliaire ***did*** est placé avant le sujet.

> ***Ex.*** **Did** you **like** Australia? Where **did** you **see** the sheeps?
> *As-tu aimé l'Australie ? Où as-tu vu les moutons ?*

Ago

Il s'utilise avec le prétérit pour mesurer le temps écoulé entre un événement passé et le moment présent. ***Ago*** se place toujours après l'expression du temps. Il se traduit par **il y a** en français.

> ***Ex.*** I was in Australia six months **ago**.
> *J'étais en Australie il y a six mois.*

6 Observe l'exemple, puis reformule les phrases en utilisant les mots entre parenthèses et *ago*.

Ex. Henry VIII was born in 1491. (six centuries) → He was born six centuries ago.

a. He died in 1547. (five centuries) ....

b. I watched *The Tudors* on TV last year. (a year) ....

c. I saw his portrait in May. (two months) ....

La circulation du sang : le rôle du cœu

LE COURS

La circulation du sang

• Le sang est présent dans tout le corps. Il circule jusqu'à chaque organe par des vaisseaux aux parois épaisses et élastiques : les **artères**. Il repart ensuite par des vaisseaux à paroi plus mince : les **veines**. Entre les petites artères et les petites veines existe un réseau de très fins conduits : les **capillaires**.

• Nos **5 litres** de sang circulent dans un réseau très ramifié.

Le cœur, moteur de la circulation

• Le cœur, composé de **4 cavités** (2 oreillettes et 2 ventricules), se contracte rythmiquement et propulse le sang sous pression dans les artères jusqu'à nos organes. Le sang revient au cœur par les veines pulmonaires, la veine cave et des vaisseaux.

• Le sang circule donc en permanence dans le corps dans un circuit fermé et à **sens unique**.

Le sang approvisionne l'organisme

Le sang distribue les **nutriments** venant de l'intestin à tous les organes. Il diffuse aussi le **dioxygène** dont il s'est chargé au niveau des poumons.

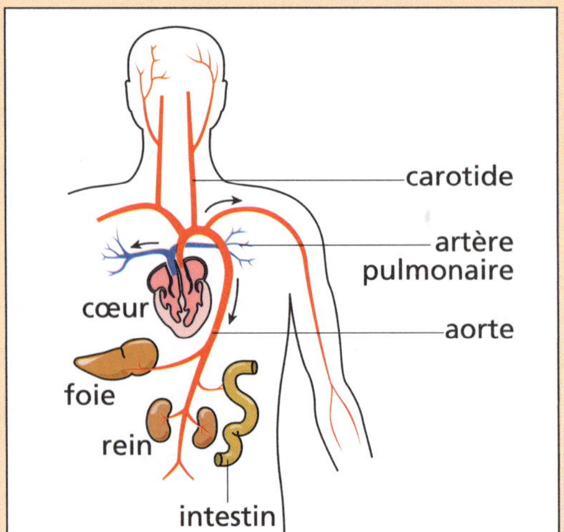

Grosses artères.

1 **Quelle est la particularité des veines pulmonaires par rapport aux autres veines ?**

....

....

....

....

....

....

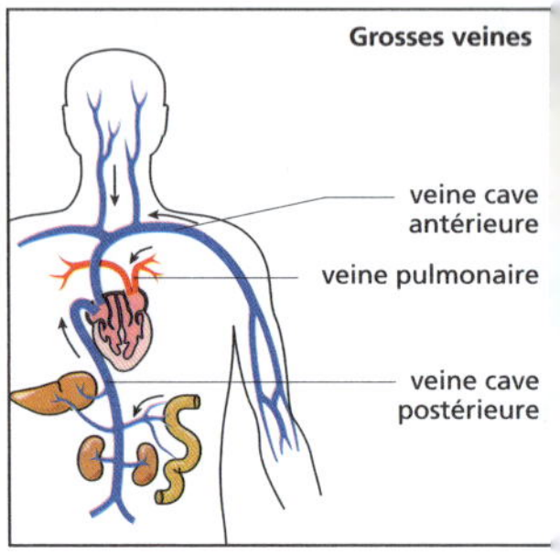

2 **Complète la phrase suivante avec *une* ou *deux* :**

Dans un circuit complet, le sang passe .... fois par le cœur, ... fois par les poumons, ... fois par l'aorte.

3 Le cœur a en moyenne 70 battements par minute.

a. Pourquoi ce chiffre est-il une moyenne ?

....

....

b. À chaque battement, le cœur pompe 150 millilitres de sang.

Combien de litres de sang pompe-t-il chaque jour ?

....

....

c. Tu possèdes 5 L de sang. Combien de fois par jour cette quantité de sang est-elle pompée ?

....

4 Pour réaliser un garrot, on serre une bande de caoutchouc au niveau du biceps. On constate alors que les veines de l'avant-bras se gonflent.

a. Pourquoi les veines se gonflent-elles ?

....

b. Dans quelles circonstances réalise-t-on un garrot et pourquoi ?

....

....

Les mélanges

1 **Parmi les boissons suivantes, quels sont les mélanges homogènes et quels sont les mélanges hétérogènes ?**

eau sucrée – citron pressé – Coca-Cola® – Orangina®.

2 **Que peux-tu dire d'un mélange d'huile et de vinaigre ?**

3 Anna veut faire du café et trouve dans le placard deux bocaux, sans étiquettes, contenant tous les deux une poudre noire.
Comment peut-elle reconnaître le café moulu du café soluble ?

4 Sur une étiquette, on lit : vin à 12 % (ou bien vin à 12°).

a. Qu'est-ce que cela signifie ?

b. Quel volume d'alcool pur a-t-on absorbé si l'on a bu deux verres de vin de 15 cL chacun ?

LE COURS

Les mélanges

Comparons les trois boissons ci-dessous.
Elles présentent des points communs : leur goût est sucré, elles contiennent de l'eau.
Elles présentent des différences : l'une est gazeuse, les autres pas.

jus d'orange *menthe à l'eau* *cidre*

- En chimie, on appelle ces boissons des **mélanges**.
- Le jus d'orange contient de la pulpe de fruit, constituant visible à l'œil nu, même après agitation. C'est un **mélange hétérogène**.
- À l'œil nu, il est impossible de distinguer le sucre de la menthe à l'eau. C'est un **mélange homogène**.

Séparer les constituants

Pour séparer les constituants d'un mélange, il existe de nombreuses techniques. Par exemple :
– une **filtration** permet de recueillir la pulpe du jus de fruits ;
– une **distillation** permet de recueillir l'alcool contenu dans le cidre.

Bilan Séquence 6

Pour chaque question, coche la (ou les) bonne(s) réponse(s).
Ensuite, reporte-toi aux corrigés du livret détachable (page 15) et inscris ton score sur 10.

Français

1 Dans la phrase « Tu ressembles à ton frère ; je l'ai remarqué tout de suite », le COD est :

- **a.** « à ton frère ». ❑
- **b.** « tout de suite ». ❑
- **c.** « l' ». ❑

2 La phrase à la voix passive est :

- **a.** Nous avons subi un énorme orage. ❑
- **b.** Nous sommes arrivés à temps à la maison. ❑
- **c.** Nous avons été réconfortés par les voisins. ❑

3 Dans la phrase « Le dessin a été tracé par un farceur », la fonction de « par un farceur » est :

- **a.** COD du verbe « tracer ». ❑
- **b.** complément circonstanciel de moyen. ❑
- **c.** complément d'agent du verbe « tracer ». ❑

Maths

4 Combien vaut – 7 + 3 ?

- **a.** – 10 ❑
- **b.** – 4 ❑
- **c.** + 10 ❑

5 Quelle expression est égale à – (+ 4) + (– 2) – (– 5) ?

- **a.** – 4 – 2 – 5 ❑
- **b.** – 4 – 2 + 5 ❑
- **c.** – 4 + 2 + 5 ❑

6 Que vaut la somme de – 5 et de + 3 ?

- **a.** – 8 ❑
- **b.** – 2 ❑
- **c.** + 8 ❑

Anglais

7 Where … last week?

- **a.** did you goed ❑
- **b.** went you ❑
- **c.** did you go ❑

8 At Christmas, Gill was pleased because…

- **a.** she haved a dog. ❑
- **b.** she was a dog. ❑
- **c.** she had a dog. ❑

SVT

9 Le sang circule :

- **a.** du cœur aux artères. ❑
- **b.** du cœur aux veines. ❑
- **c.** des veines aux artères dans les capillaires. ❑

Chimie

10 La technique qui consiste à recueillir la pulpe du jus de fruits s'appelle :

- **a.** une distillation. ❑
- **b.** une liquéfaction. ❑
- **c.** une filtration. ❑

Total …. / 10

Séquence 7

Angoissante

Bulman, sort de la banque où il découvre que son compte bancaire a été vidé et fermé.

Que se passait-il ? D'abord sa carte de transport, ensuite ses cartes de crédit, son téléphone mobile, sa voiture, et maintenant son compte en banque ! C'était comme si on l'avait dépouillé de son identité, pièce par pièce. Il s'adossa contre l'angle de l'immeuble pour essayer de reprendre ses esprits. Tandis qu'il était là, immobile, un passant jeta son journal dans une poubelle, juste devant lui, comme s'il voulait attirer l'attention de Bulman sur la première page.

On y voyait une photo de lui.

Bulman contempla la photo avec horreur et se souvint du gros titre qu'il avait aperçu de loin en sortant de chez lui. « Un journaliste tué. » C'était le même titre. Il eut l'impression que le trottoir se précipitait à sa rencontre quand il se pencha pour ramasser le journal. L'article était très court.

Harold Bulman, journaliste indépendant spécialisé dans les affaires concernant l'armée et l'espionnage, a été retrouvé mort hier dans son domicile londonien. M. Bulman a été poignardé. La police a lancé un appel à témoins. Toute personne ayant entendu ou vu quelque chose entre dix heures et minuit est priée de contacter le commissariat. L'inspecteur Stephen Leather, chargé de l'enquête, a déclaré : « M. Bulman a pu se faire des ennemis dans son travail. À ce stade, nous n'excluons aucune hypothèse. » Harold Bulman, trente-sept ans, était divorcé, sans famille ni amis proches.

C'était de lui dont ils parlaient ! Ils annonçaient sa mort !

Anthony Horowitz,
Alex Rider, vol. 8, *Les Larmes du crocodile*
traduit par Annick le Goyat,

Lecture et compréhension

1 **Quelle est la profession d'Harold Bulman ?**

....

2 **Qu'expriment les phrases interrogatives et exclamatives au début et à la fin du texte ?**

Les phrases interrogatives et exclamatives expriment ....

....

3 **Pourquoi Bulman est-il troublé au début du passage ? Pourquoi l'est-il à la fin ?**

Au début, ...

....

À la fin, ...

....

nouvelle

Vocabulaire

4 **Le suffixe -*cide* vient du latin *caedes*, « meurtre ». Comment appelle-t-on le fait de tuer :**

a. un roi ● ● 1. génocide
b. son père ● ● 2. matricide
c. sa mère ● ● 3. fratricide
d. son frère ● ● 4. régicide
e. un peuple ● ● 5. parricide

Orthographe

5 **Réécris la première phrase de l'article (l. 20) en remplaçant « *Harold Bulman, journaliste* » par « *Smith et Smith, journalistes* ».**

....
....
....
....
....

Grammaire – Conjugaison

6 **Donne le temps des verbes suivants. Attention, un verbe est à la voix passive.**

a. On l'avait dépouillé : ....
b. Il est parti : ....
c. Elle est suivie : ....
d. Elle fut sortie : ....

7 **Souligne les COS dans les phrases suivantes.**

a. J'ai prêté le journal aux voisins.
b. Ils nous le rendront tout à l'heure.
c. Le journaliste poignardé ressemble à un de leurs amis.
d. Ils lui ont envoyé un message.
e. Je vais leur demander s'ils ont eu des nouvelles.

LE COURS

COI et COS

• Certains verbes se construisent avec une préposition et un **complément d'objet indirect**. Pour trouver le **COI**, on pose les questions **« À qui ? »**, **« À quoi ? »**, **« De qui ? »**, **« De quoi ? »** à partir du verbe.

> ***Ex.*** Tu ressembles **à ton frère**. Tu **lui** ressembles.
> Tu ressembles à qui ? → **à ton frère**/**à lui** : COI du verbe « ressembler ».

• Certains verbes sont accompagnés de deux compléments d'objet de constructions différentes. Alors, le complément d'objet indirect s'appelle **complément d'objet second**.

> ***Ex.*** Je donne un conseil à mon frère. Je le **lui** donne.
> • Donne quoi ? → **un conseil**/**le** : COD du verbe « donner ».
> • Donne à qui ? → **à mon frère**/**lui** : COS du verbe « donner ».

Les temps composés de l'indicatif

• Chaque **temps simple** permet de former un **temps composé**.

Passé composé : auxiliaire au **présent**.
ils ont dormi ; ils sont venus

Plus-que-parfait : auxiliaire à **l'imparfait**.
ils avaient dormi ; ils étaient venus

Futur antérieur : auxiliaire au **futur simple**.
ils auront dormi ; ils seront venus

Passé antérieur : auxiliaire au **passé simple**.
ils eurent dormi ; ils furent venus

• Ne pas confondre **voix active** et **voix passive**.
j'étais arrivé (plus-que-parfait actif) ;
j'étais surveillé (imparfait passif)

LE COURS

Fractions égales

• Deux **fractions** sont **égales** quand on passe de l'une à l'autre en multipliant (ou en divisant) le numérateur et le dénominateur par un même nombre non nul.

Pour $k \neq 0, \dfrac{a \times k}{b \times k} = \dfrac{a}{b}$.

• Passer de la fraction de gauche à celle de droite, c'est **simplifier**.

Ex. $\dfrac{40}{15} = \dfrac{8 \times 5}{3 \times 5} = \dfrac{8}{3}$.

Comparaison de fractions

• Pour comparer deux fractions de même dénominateur positif, on compare leur numérateur.

Ex. Comme on a $3 < 7$, on a $\dfrac{3}{11} < \dfrac{7}{11}$.

• On peut aussi comparer des valeurs décimales approchées.

Ex. On a $\dfrac{2}{3} \approx 0{,}67$ et $\dfrac{7}{11} \approx 0{,}64$, donc on a $\dfrac{2}{3} > \dfrac{7}{11}$.

Multiplications et fractions

• Pour multiplier des fractions, on multiplie les numérateurs entre eux et on multiplie les dénominateurs entre eux.

$$\frac{a}{b} \times \frac{c}{d} = \frac{a \times c}{b \times d}$$

Ex. $\dfrac{3}{7} \times \dfrac{2}{5} = \dfrac{3 \times 2}{7 \times 5} = \dfrac{6}{35}$.

• *Remarque :* il est conseillé de simplifier avant d'effectuer les produits.

L'anniversaire

Le premier arrivé a gagné !

1 C'est l'anniversaire de Manon ! Elle a invité ses camarades à fêter cet événement et, pour s'amuser, elle a organisé une course en sac.

a En trois sauts, Manon a parcouru $\dfrac{17}{5}$ de mètre et Sonia a parcouru $\dfrac{16}{5}$ de mètre.

Laquelle a parcouru la plus grande distance ?

....

b Lucas fait 13 bonds de $\dfrac{4}{5}$ de mètre chacun pendant qu'Enzo fait 9 bonds de $\dfrac{6}{5}$ de mètre.

Pour multiplier un nombre entier par une fraction, il suffit de multiplier l'entier par le numérateur.

• **Calcule, en fraction, la distance parcourue par chacun des garçons.**

....

....

....

• **Quel garçon est allé le plus loin ?**

....

....

2 **Simplifie les fractions.**

• $\dfrac{26}{12} =$ .... • $\dfrac{27}{18} =$ ....

• $\dfrac{15}{21} =$ .... • $\dfrac{35}{10} =$ ....

• $\dfrac{50}{80} =$ .... • $\dfrac{18}{42} =$ ....

de Manon

3 **Complète avec les symboles « < » ou « > » en justifiant ta réponse.**

- $\frac{9}{13}$ .... $\frac{7}{13}$, car ....
- $\frac{7}{8}$ .... $\frac{13}{16}$, car ....
- $\frac{5}{11}$ .... $\frac{7}{13}$, car ....

Miam, miam !

4 Pour régaler ses amis, Manon a fait un super gâteau rectangulaire de 27 cm sur 14 cm qu'elle partage en parts identiques comme indiqué ci-contre.
Les amis veulent déterminer l'aire de la part en vert.

a **Que représentent, pour la part en vert, les fractions $\frac{27}{5}$ et $\frac{14}{3}$?**

....

....

b **Calcule, en fraction, l'aire de la part en vert.**

....

....

....

5 **Calcule les produits suivants sous forme de fractions simplifiées.**

Décompose et simplifie en premier.

a $\frac{3}{8}\times\frac{7}{4}=$ ....

b $\frac{11}{4}\times\frac{3}{5}=$ ....

c $\frac{21}{20}\times\frac{5}{7}=$ ....

d $\frac{15}{42}\times\frac{2}{5}=$ ....

e $\frac{44}{15}\times\frac{27}{32}\times\frac{4}{21}=$ ....

L'EXO MÉMO

6 **Traduis chaque expression par un calcul et effectue-le.**

a La moitié du tiers d'un gâteau de 600 g :

....

b Les deux tiers des trois quarts d'un paquet de 50 bonbons :

....

L'EXO RIGOLO

7 **Calcule de tête.**

$\frac{2}{11}\times\frac{7}{2}\times\frac{5}{3}\times\frac{17}{13}\times\frac{11}{17}\times\frac{13}{5}\times\frac{3}{7}=$ ....

L'EXO COSTAUD

8 Dans la pyramide ci-dessous, chaque nombre contenu dans une case est le produit des nombres contenus dans les deux cases situées au-dessous de lui.

Complète la pyramide.

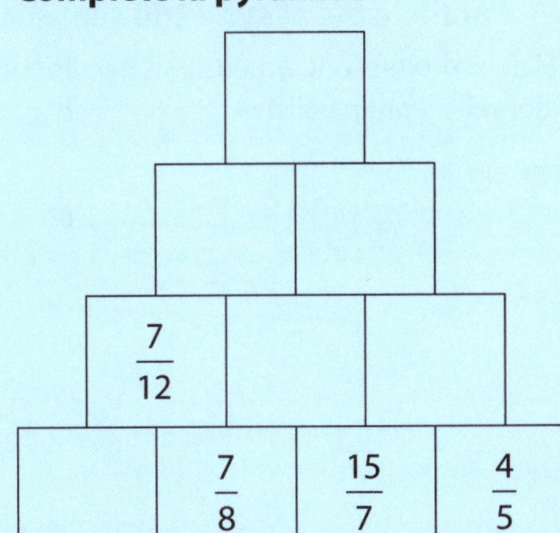

Tournez

Plus on est de fous, plus on rit…

1 Manon, Lucas et leurs amis ont envahi le manège de la place. Celui-ci dispose de 12 places marquées ①, ②, …, ⑪, ⑫, qui sont deux à deux symétriques par rapport au point *O*.

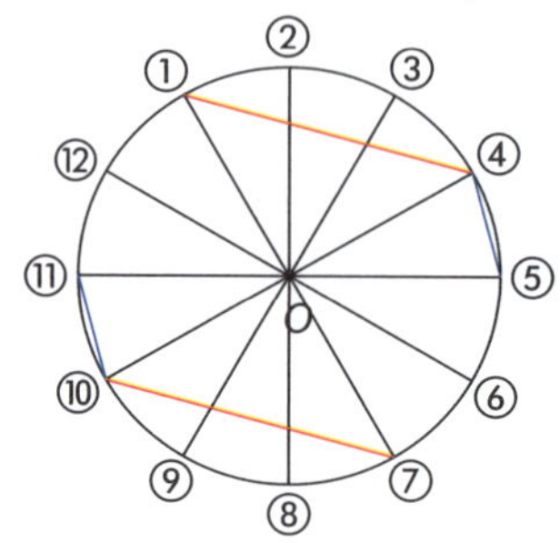

a • **Comment sont les points ① et ⑦ ? ④ et ⑩ ?**

....

....

• **Que peux-tu en déduire pour les droites (① - ④) et (⑦ - ⑩) ?**

Revois les propriétés des symétries pour répondre.

....

....

....

b **Cite les segments qui ne contiennent pas *O* pour lesquels on peut appliquer la deuxième propriété du cours.**

....

....

2 *C* et *D* sont les symétriques de *A* et de *B* par rapport à *O*. On a *AB* = 2 cm.

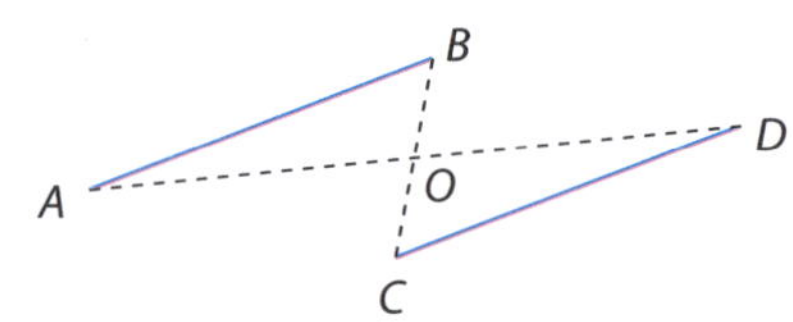

Complète la démonstration qui permet de prouver que *CD* = 2 cm.

① Les segments .... et .... sont symétriques par rapport à *O*.

② Si deux segments sont ....

....

alors ils ont la même longueur.

③ On a donc .... = ..., soit ***CD* = 2 cm.**

LE COURS

Conservation de l'alignement

Si des points sont alignés, alors leurs images par une symétrie sont alignées.

Conservation de longueurs

Si deux segments sont symétriques, alors ils ont la même longueur.

Conservation des angles

Si deux angles sont symétriques, alors ils ont la même mesure.

Conservation des aires

Si deux figures sont symétriques, alors elles ont la même aire.

Parallélisme et symétrie centrale

Si deux droites sont symétriques par rapport à un point, alors elles sont parallèles.

Ex. On donne :

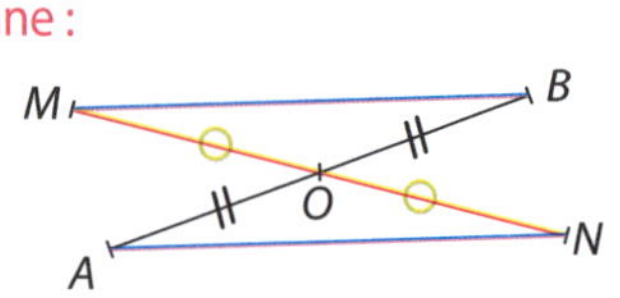

Les segments [*MN*] et [*AB*] sont symétriques par rapport à *O*, donc, par conservation des longueurs, on a *MN* = *AB*.
Les droites (*MB*) et (*AN*) sont symétriques par rapport à *O*, donc les droites (*MB*) et (*AN*) sont parallèles.

manège !

Ça souffle !

3 Il y a du vent cet après-midi : Manon et Lucas ont ressorti leurs cerfs-volants.
Le schéma ci-dessous représente la moitié du cerf-volant de Manon qui est symétrique par rapport à la droite (*d*).

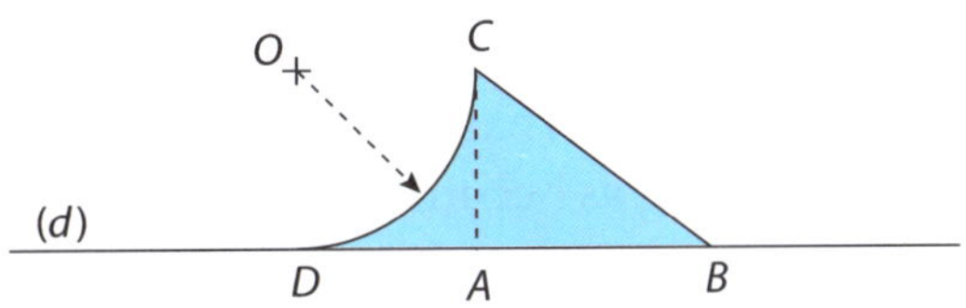

a *CODA* est un carré de 1,5 dm de côté.

• **Calcule l'aire de ce carré.**

....

• **Calcule l'aire du quart de disque de centre *O* et de rayon *OC* et arrondis le résultat à 0,01 dm² près.**

....

• On sait que $AB = 2$ dm. **Calcule l'aire du triangle *ABC*.**

....

b **Déduis-en l'aire totale du cerf-volant de Manon.**

Calcule d'abord l'aire en bleu.

....

....

....

4 *I* est le centre de symétrie de la figure et l'angle $\widehat{xOy}$ mesure 25°.

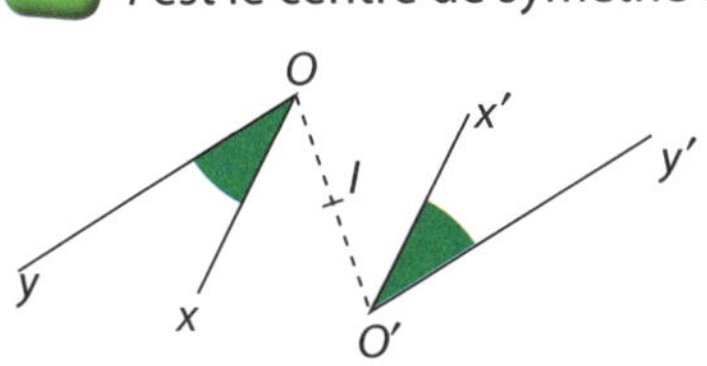

Complète la démonstration ci-dessous.

① Les .... sont symétriques par rapport à ....

② Si deux ....

....

alors ils ont la même ....

③ On a donc .... = ..., soit $\widehat{x'O'y'}$ = ...

L'EXO MÉMO

5 Les segments [*AB*] et [*CD*] sont symétriques par rapport au point *O*. *I* est un point de (*AB*) et son symétrique par rapport à *O* est *J*.

Montre que *J* est sur (*CD*).

....

....

....

....

....

....

....

L'EXO RIGOLO

6 Un nombre est dit *palindrome* si on peut le lire de gauche à droite ou de droite à gauche.

Un exemple : 54 345 est un palindrome.

a **Effectue les calculs suivants et vérifie que tous les résultats sont des palindromes.**

$A = 11 \times 11 =$ ....

$B = 111 \times 111 =$ ....

$C = 1\,111 \times 1\,111 =$ ....

....

$D = 11\,111 \times 11\,111 =$ ....

....

$E = 111\,111 \times 111\,111 =$ ....

....

b **Combien de fois peut-on continuer ainsi ?**

....

....

A great

Nathan, Dorian and their little sister are at a theme park. It's a great outing[1].

Nathan – Adventureland, here we are!
Marylee – Right! What shall we do first? Aliette's Spinning[2] Teacups?
Nathan – You're kidding[3]! That's for babies! We want something more exciting! Let's start with Pirates of the Barbados. I love the waterfall[4].
Dorian – Oh, no! The Forgotten River is funnier and faster too! We'll get wet[5], maybe…
Nathan – OK! And then Apocalypse Tower: you can't go on a more frightening[6] ride[7]! This ride is really wicked[8]!
One hour later…
Marylee – Phew! I need something quieter just now! What about the Fairy Island? There's nothing as beautiful as the view of the countryside from this ride!
Dorian – Come on!!! The Haunted Castle is much better than your Fairy Island! This will be fun! Let's go!
Marylee – Oh, dear! You are too daring[9] for me! I'll wait for you…

---

1. **an outing :** *une sortie.* 2. **to spin :** *tournoyer.* 3. **to kid :** *plaisanter.* 4. **a waterfall :** *une chute d'eau.* 5. **wet :** *mouillé.* 6. **frightening :** *effrayant.* 7. **a ride :** *une attraction.* 8. **wicked :** *dingue (génial, super).* 9. **daring :** *hardi, audacieux.*

Comprendre

1 Barre ce qui ne correspond pas au texte.

a. Aliette's Spinning Teacups are *more interesting / quieter* than Pirates of the Barbados.

b. The Forgotten River is *faster / slower* than Pirates of the Barbados.

c. Nathan and Dorian are *daring / romantic* boys.

2 Lis le texte et complète les phrases avec les adjectifs au comparatif *as courageous, younger* ou *better*.

a. Marylee is not .... as the boys.

b. For Dorian, the Haunted Castle is .... than the Fairy Island.

c. Marylee is .... than the boys.

3 Complète les phrases avec des mots de l'encadré ci-dessus.

a. Lauren didn't speak with anybody at the party; she's too .... **b.** Still in bed at 11 o'clock! What a .... boy! **c.** You can never criticize Kate, she's very ....

Mots et expressions

Parler de la personnalité

cheerful *gai*
grumpy *grincheux*
touchy *susceptible*
hardworking *travailleur*
lazy *paresseux*
optimistic *optimiste*
pessimistic *pessimiste*
shy *timide*
self-confident *sûr de soi*

outing!

S'entraîner

4 **Compare Black Beard (BB) et Red Beard (RB), deux redoutables pirates, en utilisant les adjectifs entre parenthèses.**

Ex. Black Beard (+ nice) Red Beard
→ Black Beard is nicer than Red Beard.

a. RB (+ ferocious) BB ....

....

b. BB (+ ugly) RB ....

....

c. RB (+ bad) BB ....

....

5 **Utilise un comparatif d'égalité dans une phrase négative pour rétablir la vérité.**

Ex. A mouse is more dangerous than a snake.
→ A mouse is not as dangerous as a snake.

a. A rhino is heavier than an elephant.

....

b. Long John Silver was worse than Captain Kidd.

....

....

c. English is more difficult than Chinese.

....

....

6 **Mets ces phrases au pluriel.**

a. This exercise is very easy! ....

....

b. Whose pen is this? It's mine. ....

....

c. Look at that bird in the tree. ....

....

LE COURS

Les comparatifs

Le comparatif permet de comparer deux personnes, objets ou groupes.

➤ **Le comparatif de supériorité (plus… que)**
Il varie selon que l'adjectif est court ou long.

• **Adjectif court** (1 syllabe ou 2 syllabes terminées en *-y* ou *-er*) : adjectif + ***-er*** + ***than***.

> **Ex.** Greg is taller than Carol. *Greg est plus grand que Carol.* (pretty) Cindy is prettier than Mary. (clever) Ryan is cleverer than his cousin. *Cindy est plus jolie que Mary. Ryan est plus intelligent que son cousin.*

Attention aux modifications orthographiques :
big → bigger, nice → nicer, funny → funnier

• **Adjectif long** (2 syllabes ou +, sauf exceptions ci-dessus) : ***more*** + adjectif + ***than***.

> **Ex.** A Rolls Royce is more expensive than a Mini.
> *Une Rolls Royce est plus chère qu'une Mini.*

➤ **Le comparatif d'égalité (aussi… que)**
Il se forme en utilisant ***as*** + adjectif + ***as***.

> **Ex.** Mark is as intelligent and as funny as his friend George. *Mark est aussi intelligent et aussi drôle que son ami George.*

➤ **Deux comparatifs irréguliers**

good *bien, bon* → better *mieux, meilleur*
bad *mauvais, mal* → worse *plus mauvais, pire*

This / that

This (au pluriel ***these***) s'emploie pour désigner ce qui est **proche** de la personne qui parle.
That (au pluriel ***those***) s'emploie pour désigner ce qui est **loin** d'elle.

> **Ex.** This girl is my friend Marge and that boy near the window is my cousin Pat.
> *Cette fille est mon amie Marge, et ce garçon près de la fenêtre est mon cousin Pat.*

L'Europe découvre le monde

LE COURS

Les Grandes Découvertes

Au XVe siècle, Portugais et Espagnols cherchent de nouvelles routes maritimes pour **atteindre les Indes**. Ils veulent rapporter d'Asie de l'or, des épices, et ils espèrent convertir de nouveaux peuples au christianisme. Ils bénéficient de techniques connues depuis le XIIIe siècle (boussole, gouvernail d'étambot) et se dirigent grâce à des cartes marines (les portulans). Avec la caravelle, navire léger et maniable, les Portugais explorent les côtes de l'Afrique. **Christophe Colomb**, un Gênois, convainc la reine d'Espagne Isabelle de Castille de financer une expédition vers l'ouest. En **1492**, à la tête de trois navires, il touche terre. Sans le savoir, il vient de découvrir un **nouveau continent** qu'on appellera plus tard « l'Amérique ».

Les premiers empires coloniaux

- Les **Portugais** créent des comptoirs pour le commerce le long de la côte africaine. Ils s'installent sur la côte du **Brésil**.
- Les **Espagnols** conquièrent un immense territoire aux **Amériques**. **Cortés** vainc les Aztèques et s'empare de leur capitale qui devient Mexico. **Pizarre**, lui, soumet l'Empire inca.

Les conséquences

- Pendant trois siècles, la croissance de l'Europe est alimentée par les métaux précieux venus d'Amérique. Les ports atlantiques se développent grâce au **commerce triangulaire**. De nouveaux produits apparaissent : tabac, pomme de terre, haricot, chocolat, tomate, fraise, maïs.
- Cependant, les populations indiennes sont décimées par les guerres, les maladies et le travail forcé. Pour les remplacer, on fait venir d'Afrique des esclaves : c'est la **traite des Noirs**.

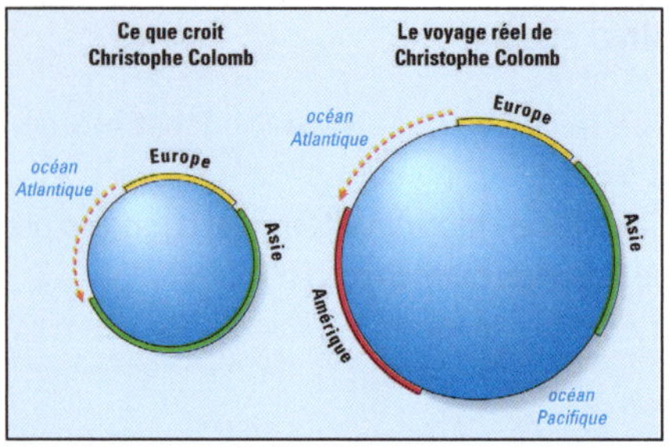

1 **Donne le nom de chacune de ces plantes. Entoure celles qui ne viennent pas des Amériques.**

2 **Les découvertes sont classées dans l'ordre (1, 2, 3, 4). Donne le même numéro au navigateur concerné et reporte-le sur la carte.**

(1) 1487 : cap de Bonne-Espérance	(....) Vasco de Gama
(2) 1492 : Amérique	(....) Magellan et Elcano
(3) 1497 : route des Indes	(....) Christophe Colomb
(4) 1522 : tour du monde	(....) Bartolomeu Dias

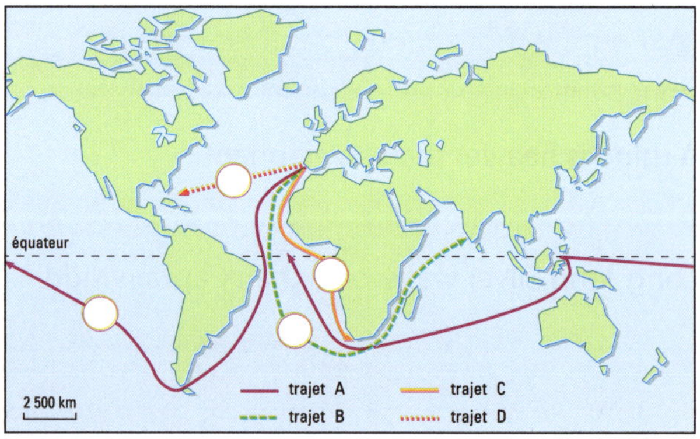

3 Christophe Colomb voulait rejoindre les Indes par l'ouest en traversant l'océan, au lieu de contourner l'Afrique (voir dessin en bas, à gauche).

a. **Il a fait deux erreurs : lesquelles ?**

....

b. **Sans ces erreurs, il aurait renoncé à son idée : pourquoi ?**

....

c. **Pourquoi Isabelle de Castille finance-t-elle l'expédition ?**

....

....

Les inégalités devant les risques naturels

1 La prévention des risques naturels au Japon.

« Le Japon a longtemps déploré des milliers de morts chaque année à cause des tsunamis et des ouragans. Mais, depuis 50 ans, des constructions solides et l'information du public ont épargné de nombreuses vies humaines. L'État a multiplié les travaux pour protéger les citoyens face aux catastrophes (constitution de digues pour éviter les inondations).

Entraînés dès l'enfance, les Japonais savent qu'ils doivent couper le gaz et se précipiter sous une table dès les premières secousses. Nombre de Japonais sont prévenus par téléphone portable de l'arrivée imminente d'un séisme, qui entraîne l'arrêt automatique des centrales nucléaires (pour éviter les fuites de produits dangereux) et des trains à grande vitesse (qui peuvent dérailler). »

D'après un article de l'AFP, octobre 2009.

a. Nomme les risques naturels cités dans le texte.

....

b. Quelles sont les mesures de prévention prises par les autorités publiques japonaises ?

....

2 Compare ces deux tremblements de terre :

	Japon	Haïti
Ville portuaire	Kobé	Port-au-Prince
Nombre d'habitants	1,5 million	1,2 million
Date du séisme	17 janvier 1995	12 janvier 2010
Magnitude*	7,2	7
Nombre de décès	6 000	230 000

* La magnitude mesure l'énergie libérée lors d'un séisme selon l'échelle de Richter : de 1 (très faible) à 10 (très fort).

a. Quels sont les points communs entre ces deux séismes ?

....

b. Comment expliquer le très grand nombre de décès à Port-au-Prince ?

....

LE COURS

Toutes les sociétés sont confrontées à des risques naturels

Les tempêtes, les cyclones, les inondations, les séismes, les tsunamis, la canicule, la sécheresse, les éruptions volcaniques, les glissements de terrain sont des **aléas naturels** (aléa : événement difficile à prévoir).

À ces aléas s'ajoute le réchauffement général de l'atmosphère qui engendre des **changements climatiques**. Les sociétés doivent faire face à ces modifications importantes.

Des risques naturels aggravés par les hommes : le cas des inondations

Les constructions et les activités humaines dans des plaines inondables **accentuent les risques de catastrophes** malgré la protection par des digues. Ainsi, l'ouragan Katrina a ravagé la Nouvelle-Orléans (1 400 morts) en 2005. La tempête Xinthia sur la côte vendéenne en 2010 a provoqué 53 morts. Les vallées très peuplées du Pakistan ont connu des inondations exceptionnelles en 2010 (plus de 2 000 morts et des millions de sinistrés).

Des sociétés inégales face aux aléas naturels

- Dans les **pays riches**, la **gestion des risques** naturels est prise en compte : information, éducation, règles de construction, plans d'évacuation, secours…
- Dans les **pays pauvres**, ces **moyens de prévention manquent** et les risques naturels ont des conséquences humaines et matérielles catastrophiques.
- **Partout**, les populations les plus démunies sont les plus exposées aux risques naturels.

Bilan Séquence 7

Pour chaque question, coche la (ou les) bonne(s) réponse(s).
Ensuite, reporte-toi aux corrigés du livret détachable (page 18) et inscris ton score sur 10.

Français

1 La phrase qui contient un COS est :

a. J'ai fait la connaissance du frère de Magali. ❑
b. Je donnerai à Paul un billet d'entrée. ❑
c. Nous serons de retour vers 21 heures. ❑

2 Le verbe au futur antérieur est :

a. j'aurai terminé. ❑
b. j'aurais terminé. ❑
c. je terminerais. ❑

Maths

3 Quelle fraction est égale à $\frac{3}{7}$?

a. $\frac{23}{27}$ ❑
b. $\frac{43}{100}$ ❑
c. $\frac{15}{35}$ ❑

4 Que vaut $\frac{3}{5} \times \frac{25}{12}$?

a. $\frac{75}{12}$ ❑
b. $\frac{5}{4}$ ❑
c. $\frac{4\,500}{60}$ ❑

5 (*C´*) est le symétrique d'un cercle (*C*) de rayon 4 cm. Un diamètre de (*C´*) mesure :

a. 2 cm ❑
b. 4 cm ❑
c. 8 cm ❑

6 Une figure *F* et son symétrique *F´* par rapport à un point ont ensemble une aire de 7 cm². Alors,

a. l'aire de la figure *F* est 3,5 cm². ❑
b. l'aire de la figure *F* est 14 cm². ❑
c. on ne connaît pas l'aire de la figure *F*. ❑

Anglais

7 Mary is … her brother.

a. more courageous than ❑
b. more courageous as ❑
c. more courageous that ❑

8 This restaurant is … than the one across the street.

a. more good ❑
b. better ❑
c. best ❑

Histoire

9 Quel peuple Cortés soumet-il ?

a. les Incas. ❑
b. les Aztèques. ❑
c. les Mayas. ❑

Géographie

10 Les risques d'inondation sont :

a. maîtrisés dans les pays riches. ❑
b. supprimés par les digues. ❑
c. atténués par les digues. ❑

Total .... / 10

Séquence 8

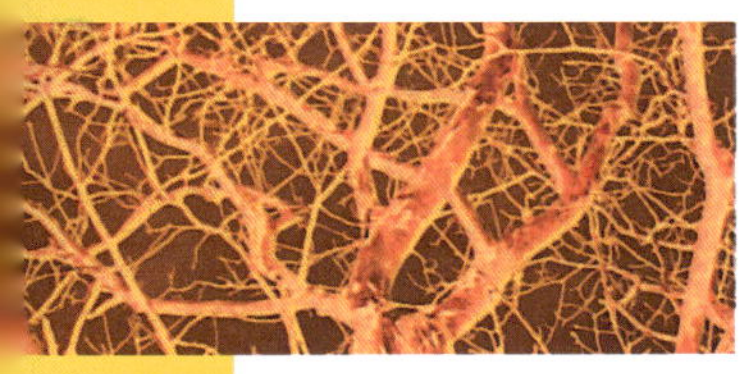

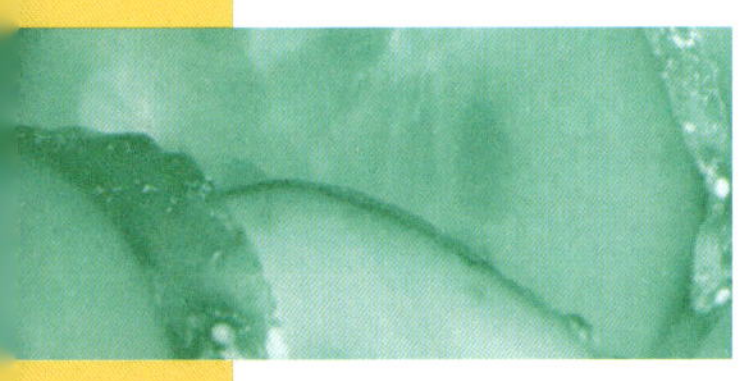

Chaque jour, en calculant ou en parlant, on utilise sans le savoir des connaissances issues des sciences de l'Empire musulman.

Des chiffres

De l'ordre dans l'armoire

Toute une partie du vocabulaire de nos garde-robes est issue de l'arabe. Tandis que le mot « chemise » s'est inspiré du mot arabe « qamis », désignant une tunique, notre « pyjama » vient de « paëjamah », qui décrit un vêtement ample et léger. Le mot « jupe », lui, a pour origine la « giubba », une robe d'homme.

Parlez-vous arabe ?

Le dictionnaire français compterait environ 400 mots d'origine arabe. Par exemple, le mot « hasard » a pour racine le mot « zahr en-nard » qui désigne un dé à jouer. La « bougie » tire son nom de la ville algérienne Bijaya, où l'on fabriquait de la cire, et notre « assassin » vient de « hashashi » signifiant « fumeur de haschisch » !

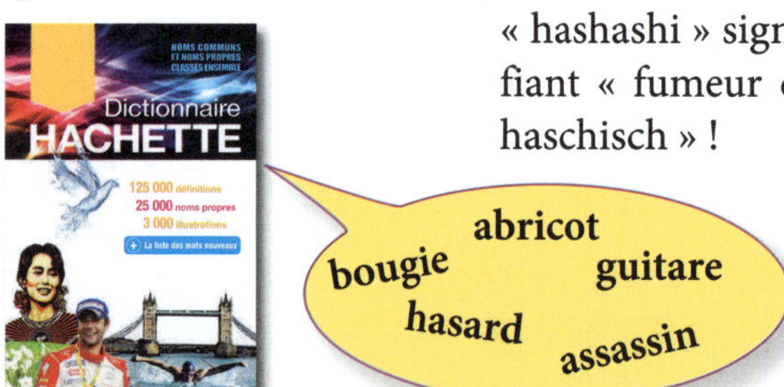

Les chiffres, ça compte

0, 1, 2, 3, 4, 5, 6, 7, 8, 9. Le mathématicien de Bagdad, Al-Khawarizmi, a découvert ces chiffres dans un ouvrage indien traduit en arabe. Il a alors écrit un livre pour promouvoir cette façon de compter. Il a en particulier bien compris l'utilité du zéro, ce chiffre qui sert à dire « rien ». D'ailleurs, le mot « chiffre » vient de l'arabe « sifr » signifiant « vide ».

Partage de frères

La barre de fraction est apparue au Maghreb. L'une de ses premières fonctions a été d'aider à la répartition des héritages. Grâce à elle, on sait maintenant partager équitablement une pizza ou un sac de billes !

Emma Strack,
Dossier *Nos racines arabes* © Okapi n° 892 (15 mai 2010).

Lecture et compréhension

1 Donne l'étymologie des mots suivants en précisant leur sens à l'origine.

	mot d'origine	sens à l'origine
a. chemise :	....	....
b. jupe :	....	....
c. chiffre :	....	....
d. hasard :	....	....
e. assassin :	....	....

2 D'où viennent en réalité les « *chiffres arabes* » (0, 1, 2, 3… 9) ?

....

....

3 Parmi les chiffres arabes, lequel est particulièrement utile et n'existe pas dans les chiffres romains ?

....

et des lettres

LE COURS

Les nombres

• Les chiffres (0, 1… 9) et les nombres sont invariables sauf :
– **million**, **milliard**, **millier** (= mille) ;
– **vingt** et **cent** quand ils sont multipliés et non suivis par un autre nombre.

Ex. quatre **cents** (4 × 100)
quatre **cent** dix (**cent** est suivi par un nombre.)
quatre-**vingts** (4 × 20) quatre-**vingt**-dix
deux mille **cent** (2 000 + 100 : **cent** n'est pas multiplié.)
trois **cent** vingt (300 + 20)

Les déterminants

• Les déterminants précèdent le nom avec lequel ils s'accordent. On distingue principalement :
– les **déterminants possessifs** : **mon** (**mon** cahier), **ton**… **sa**, **notre**, **votre**… ;
– les **déterminants démonstratifs** (qui désignent) : **ce** (**ce** cahier), **cet**, **cette**, **ces** ;
– les **articles définis** : **le** (**le** cahier), **la**, **les**, **l'**.
Au (à + le), **du** (de + le), **aux** (à + les), **des** (de + les) sont des **articles définis contractés** :
je reviens **du** (de le) marché ;
– les **articles indéfinis** : **un** (**un** livre), **une**, **des** ;
– les **articles partitifs** : **du**, **de la** ; on peut les remplacer par « **un peu de** » : je mange **du** (un peu de) pain.

• Ne pas confondre les déterminants (devant un nom) et les pronoms.

Ex. Je consulte **le** (déterminant) dictionnaire avant de te **le** (pronom) prêter.

Vocabulaire

4 Quelle est l'origine des mots suivants ?

a. parking •	• 1. latin
b. bougie •	• 2. grec
c. ravioli •	• 3. arabe
d. judo •	• 4. anglais
e. hypothèse •	• 5. italien
f. rébus •	• 6. japonais

Orthographe

5 Écris en toutes lettres les nombres suivants.

a. 300 : ....
b. 96 : ....
c. 880 : ....
d. 2020 : ....

6 Avec quels mots s'accordent *issue* (l. 2) et *apparue* (l. 32) ?

a. issue : ....
b. apparue : ....

Grammaire

7 Relève dans les phrases suivantes les dix déterminants et précise leur classe grammaticale. Ne confonds pas déterminant et préposition !

a. Une grande partie du vocabulaire de nos garde-robes vient de l'arabe.
b. Il a écrit un livre pour promouvoir cette façon de penser.
c. La barre de fraction est apparue au Maghreb.
d. Quand je demande du café, j'emploie un mot arabe.

....
....
....
....
....

Abraca

Le résultat est...

1 Lucas propose à Manon un petit tour de divination.

a Joue le rôle de Manon en suivant les consignes données par Lucas.

- **Choisis un nombre :** ....
- **Ajoute 3 à ce nombre :** ....
- **Multiplie la somme par 5 :** ....
- **Ajoute 21 au produit :** ....
- **Soustrais le nombre de départ :** ....
- **Divise le résultat par 4 :** ....
- **Soustrais le nombre de départ :** ....

Lucas est sûr que ton résultat est 9. Surprenant !

b Nomme *x* le nombre de départ. Reprends les différentes étapes de calcul et montre que le résultat sera toujours 9.

....

....

....

....

2 Évalue l'expression $A = 5 \times x - 7$ dans chacun des cas suivants.

a Pour $x = 4$, $A =$ ....

b Pour $x = 7$, $A =$ ....

c Pour $x = 2{,}5$, $A =$ ....

d Pour $x = 1{,}3$, $A =$ ....

3 Supprime les symboles inutiles.

Attention ! L'un des signes « × » ne se simplifie pas !

a $5 \times a =$ ....

b $7 \times b - 3 =$ ....

c $a \times b =$ ....

d $1 \times a =$ ....

LE COURS

Calcul littéral

Un calcul qui utilise une lettre est un **calcul littéral**.

Conventions d'écriture

- On peut ne pas écrire le symbole « × » devant une lettre ou une parenthèse.

Ex. L'expression $5 \times (x - 2)$ s'écrit plus simplement $5(x - 2)$.

- $1\,a$ s'écrit simplement a.

Valeur d'une expression littérale

On peut **évaluer une expression littérale** en remplaçant la lettre par un nombre.

Ex. Pour $x = 3$, l'expression $5(x - 2)$ vaut $5(3 - 2)$, soit 5.

Égalité d'expressions

- Deux **expressions littérales sont égales** si elles donnent le même résultat, quelle que soit la valeur attribuée à la lettre.

Ex. D'après la règle de distributivité, les expressions $5(x - 2)$ et $5x - 10$ sont égales.

- S'il existe une valeur de la lettre pour laquelle deux expressions numériques ne donnent pas le même résultat, alors ces **expressions ne sont pas égales**.

Ex. Pour $x = 3$, l'expression $5(x - 2)$ vaut 5 et l'expression $5x - 2$ vaut 13, donc les expressions $5(x - 2)$ et $5x - 2$ ne sont pas égales.

dabra !

(e) $4 \times (2 + x) =$ ....

(f) $2 \times 5 \times (x + 2) =$ ....

La magicienne !

4 C'est à présent au tour de Manon d'exercer ses dons de divination ! Elle propose de choisir un nombre, de le multiplier par 3, puis d'ajouter 30. En multipliant de nouveau par 3 et en ajoutant le nombre de départ, on obtient le résultat final.

(a) **Quel est le résultat du calcul si le nombre choisi est 7 ?**

....

....

(b) Soit x le nombre choisi.

- **Exprime en fonction de x le résultat en ayant développé et simplifié.**

....

....

- **Retrouve le nombre de départ si le résultat est 240.**

....

....

5 **Groupe deux par deux les expressions égales.**

$A = 5(x + 3)$ $B = 3(x - 5)$ $C = (5 - x) \times 3$

$D = 3x - 15$ $E = 15 - 3x$ $F = 5x + 15$

Développe les expressions A à C.

....

....

....

6 **Les deux figures ont-elles le même périmètre ? Justifie ta réponse.**

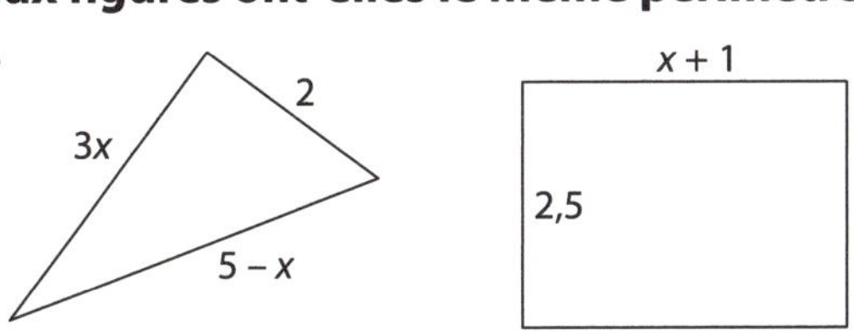

....

....

....

L'EXO MÉMO

7 **Dans chaque cas, montre que les deux expressions A et B ne sont pas égales en utilisant la valeur donnée de x.**

(a) $A = 7x + 2$; $B = 9x$; $x = 4$.

....

....

....

(b) $A = 11x - 5x$; $B = 6$; $x = 0$.

....

....

....

(c) $A = x \times x$; $B = 2x$; $x = 7$.

....

....

....

L'EXO COSTAUD

8 Manon propose un nouveau tour de divination avec deux nombres inconnus entiers compris entre 10 et 99. Au premier nombre inconnu, on ajoute 2, puis on multiplie cette somme par 50. On soustrait ensuite le second nombre à ce produit et on multiplie la différence par 2.

(a) **Peut-on avoir 2 137 comme résultat final ?**

....

(b) **Quels sont les deux nombres inconnus si le résultat final est 3 468 ?**

....

....

....

Dans le

LE COURS

Parallélogramme

• Si un quadrilatère a ses diagonales de même milieu, alors c'est un **parallélogramme**.
• Si une figure est un parallélogramme, alors ses diagonales ont le **même milieu**.
• Si une figure est un parallélogramme, alors ses **côtés opposés** sont deux à deux de **même longueur**.

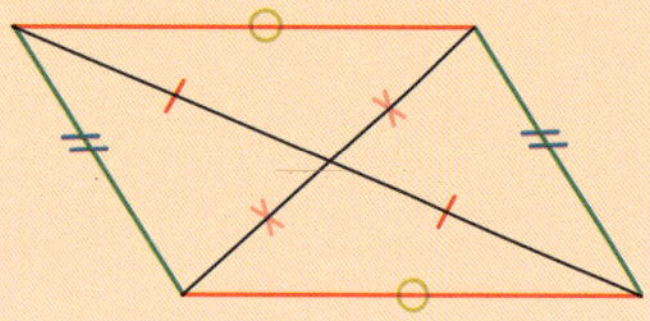

Rectangle

• Un parallélogramme possédant un angle droit est un **rectangle**.
• Si un parallélogramme possède des **diagonales de même longueur**, alors c'est un rectangle.
• Si une figure est un rectangle, alors ses diagonales sont de la **même longueur**.

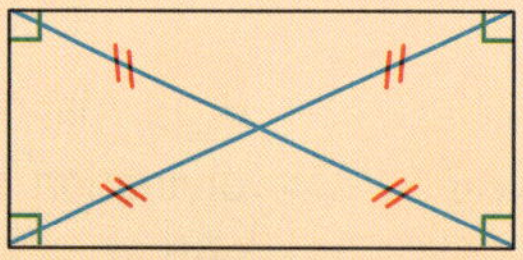

Losange

• Un parallélogramme possédant deux côtés consécutifs de même longueur est un **losange**.
• Si une figure est un losange, alors il a **quatre côtés de même longueur**.
• Si un parallélogramme possède des diagonales perpendiculaires, alors c'est un **losange**.
• Si une figure est un losange, alors ses **diagonales** sont **perpendiculaires**.

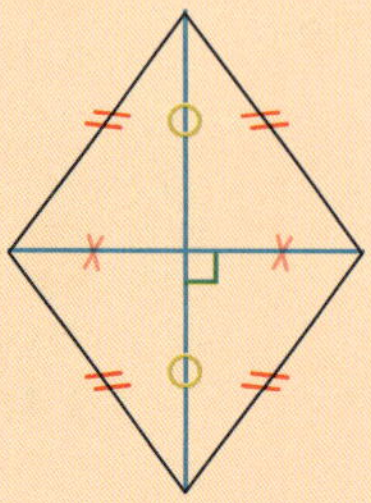

On bêche, on bêche !

1 Aujourd'hui, Lucas jardine ! Il veut réaliser un parterre de fleurs en forme de parallélogramme. En plus de ses outils de jardinier, Lucas dispose d'une planche en bois, d'une corde et de piquets.

a À l'aide de sa planche en bois, il trace un premier côté [*AB*] et plante un piquet en *A* et un piquet en *B*. Il déplace sa planche, trace ensuite un second côté [*AD*] et plante un piquet en *D*.

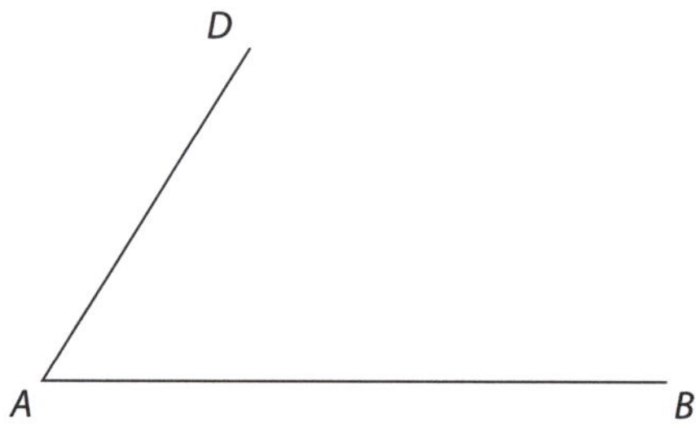

Explique comment, en utilisant la corde, il peut déterminer le quatrième sommet pour former un parallélogramme.

....

....

....

....

b **Réalise cette construction.**

2 **Construis un rectangle *JOLI*, avec *JO* = 2 cm et *JL* = 5 cm.**

J |-------------

Commence par le côté [JO], puis utilise équerre et compas.

jardin

On touche du bois...

3 Manon a demandé à un graveur sur bois qu'il lui réalise un motif. Il utilise pour ce faire un pantographe, constitué de quatre morceaux de bois (voir figure). Les deux morceaux [*AD*] et [*BC*] sont articulés en *F*, leur milieu qui est fixe, en *A* et en *D* tandis que les points *B* et *C* coulissent respectivement sur [*AP*] et sur [*DM*]. En *P* se situe une pointe qui permet de suivre les traits d'un dessin, alors qu'en *M* se situe un outil qui grave à l'identique le dessin.

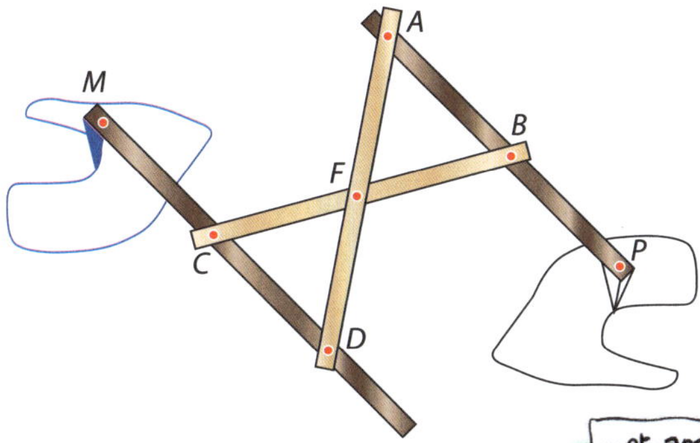

a **Montre que le quadrilatère *ABDC* est toujours un parallélogramme.**

....

....

....

....

b **Que peux-tu en déduire pour les droites (*AB*) et (*DC*) ?**

....

....

c Sans justifier, donne les réponses aux questions suivantes.

• **Sur quelle droite se situe le symétrique du point *P* par rapport à *F* ?**

....

....

• On sait que *DM* = *AP*. **Quel est le symétrique du point *P* par rapport à *F* ?**

....

....

L'EXO MÉMO

4 Un jeu est constitué de deux tiges articulées en leur milieu et dont les extrémités sont jointes par un élastique toujours tendu.

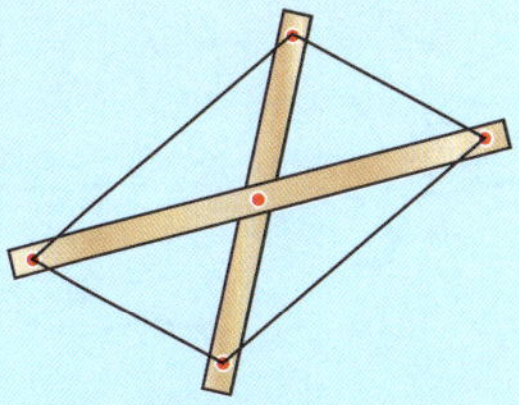

Quelle est la forme géométrique entourée par l'élastique :

a **dans tous les cas ?** ....

b **si les deux tiges sont de même longueur ?** ....

L'EXO COSTAUD

5 Soit *ABCD* un losange et (*d*) la droite perpendiculaire à (*AC*) en *A*.

a **Fais une figure.**

b **Montre que les droites (*d*) et (*BD*) sont parallèles.**

ABCD est un losange.

Si ....

alors ....

Donc .... et (*BD*) sont perpendiculaires.

De plus, ...

....

....

Les droites (*d*) et (*BD*) sont parallèles.

It's my

Gill and her little sister Emma and their cousin Mike are at the beach[1]. Gill is surprised. Emma has brought[2] an enormous bag. She opens it:

Gill – What's that! Mum's scarf[3]! And here's Grandma's thriller[4]… Oh Emma, you've taken[5] our parents' camera. And whose pencil case is this? It's Dad's. And here we've got… Emma, this is my lipstick[6]. It's MINE! Shame on you!

Emma – I want some too. Why can't it be our lipstick?

Mike – Ha, ha. Don't make a fuss[7] Gill! *(He looks in the bag.)* A phone? What? You've taken my mobile phone! You horrid[8] little girl…

1. the beach : *la plage.* **2. Emma has brought :** *Emma a apporté.* **3. a scarf :** *une écharpe, un foulard.* **4. a thriller :** *un polar.* **5. you've taken :** *tu as pris.* **6. lipstick :** *du rouge à lèvres.* **7. to make a fuss :** *faire des histoires.* **8. horrid :** *vilaine.*

Comprendre

1 Lis le texte, puis coche la bonne réponse.

a. Emma has got…
☐ a big bag. ☐ a small bag.

b. It's…
☐ Mum's pencil case. ☐ Dad's pencil case.

c. Emma…
☐ wants to imitate her big sister.
☐ doesn't want to imitate her big sister.

2 Observe l'arbre généalogique, puis complète les phrases en t'aidant des mots de l'encadré.

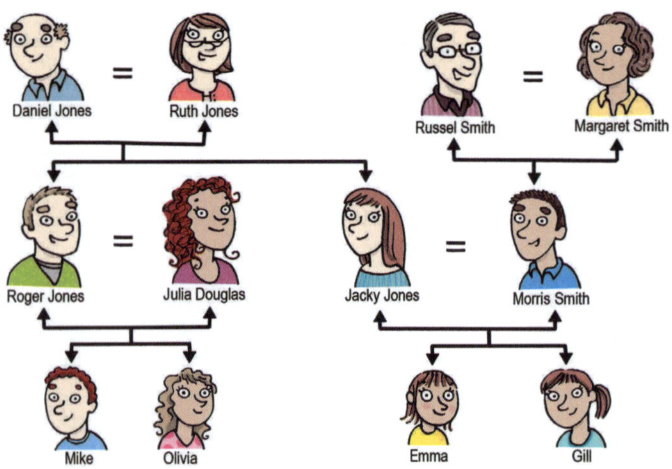

a. Roger is Gill and Emma's ………………………………………… .

b. Mike is Jacky's ………………………………………………… .

c. Gill and Emma are Daniel and Ruth's …………………………… .

d. Morris is Jacky's ……………………………………………… .

Mots et expressions

husband/wife *mari/femme*
son/daughter *fils/fille*
brother/sister *frère/sœur*
uncle/aunt *oncle/tante*
nephew/niece *neveu/nièce*
stepfather/stepmother *beau-père/belle-mère (remariage)*
grandfather/grandmother *grand-père/grand-mère*
grandparents *grands-parents*
grandchildren *petits-enfants*
cousin *cousin(e)*

lipstick!

S'entraîner

3 Complète les phrases avec l'adjectif possessif qui convient.

a. Gill has got a new lipstick, it's .... lipstick.

b. Jacky and Morris are not happy because Emma has got .... camera.

c. Dad can't write a letter. Where's .... pencil case?

d. "Give us this camera, Emma. It's .... camera!"

4 Complète les phrases avec le pronom possessif qui convient.

a. It's my DVD. It's ....

b. Mr and Mrs Jones have got a dog. It's ....

c. These are Gill's sneakers. They're ....

5 Lis les phrases et coche la bonne la réponse.

a. Whose scarf have you got?

☐ Mum's ☐ Mum ☐ Mums's

b. Whose car is this?

☐ Mr Jones' ☐ Mr Jones's ☐ Mr Jones

c. Whose camera is in the bag?

☐ the cousin ☐ the cousins' ☐ the cousins's

6 Récris les phrases en utilisant un cas possessif et les mots soulignés.

a. Morris has got two children: Gill and Emma.

They are ....

b. The Smiths have got a son. Morris is ....

....

c. Grandma is reading a thriller. It is ....

....

LE COURS

Le cas possessif

• Pour rechercher le possesseur d'un objet, on utilise le mot interrogatif ***whose*** toujours suivi du nom de l'objet (ou des objets).

Ex. Whose scarf is this? *À qui est cette écharpe ?*
Whose glasses are these? *À qui sont ces lunettes ?*

• Pour parler des liens familiaux entre les gens, dire à qui appartient un animal ou un objet, on utilise le **cas possessif ('s)**. Le **'s** se place entre le possesseur et l'objet possédé.

Ex. You've got Mum**'s** scarf. *Tu as l'écharpe de maman.*
the princess**'s** car *la voiture de la princesse*
the children**'s** game *le jeu des enfants*

Si le possesseur est au pluriel, terminé par un -s, on ajoute seulement l'apostrophe **'**.

Ex. This is my parents**'** car. *C'est la voiture de mes parents.*

Les adjectifs possessifs

L'**adjectif possessif** se place avant le nom.

my	*mon, ma, mes*
your	*ton, ta, tes*
his	*son, sa, ses* (possesseur masculin)
her	*son, sa, ses* (possesseur féminin)
its	*son, sa, ses* (possesseur neutre)
our	*notre, nos*
your	*votre, vos*
their	*leur, leurs*

Ex. Mike → **his** ball, **his** cap *son ballon, sa casquette*
Emma → **her** ball, **her** cap *son ballon, sa casquette*

Les pronoms possessifs

Le **pronom possessif** remplace un nom.

mine	*le(s) mien(s), la (les) mienne(s)*
yours	*le(s) tien(s), la (les) tienne(s)*
his	*le(s) sien(s), la (les) sienne(s)* (à lui)
hers	*le(s) sien(s), la (les) sienne(s)* (à elle)
its	*le(s) sien(s), la (les) sienne(s)* (neutre)
ours	*le(s) nôtre(s)*
yours	*le(s) vôtre(s)*
theirs	*le(s) leur(s)*

Ex. Whose books are these? They're **mine**.
À qui sont ces livres ? Ce sont les miens.

Les nutriments : énergie et déchets

LE COURS

La respiration cellulaire

• Les nutriments sont transformés dans les cellules au cours de phénomènes complexes : la **respiration cellulaire**.

• Ces phénomènes consomment du dioxygène et produisent de l'énergie nécessaire au fonctionnement des cellules.

• En effet, l'énergie est ce qui permet d'effectuer un travail, de faire fonctionner une machine ou un organisme ; son unité de mesure est le **joule** (J).

• Un gramme de sucre ou un gramme de protide produisent 17 kJ (kilojoule), alors qu'un gramme de lipide produit 38 kJ.

Utilisation de l'énergie

• La contraction des muscles, la synthèse de matière vivante nécessaire pour la croissance sont des **activités qui consomment de l'énergie**.

• Cependant, une partie de l'énergie est perdue sous forme de **chaleur** (l'exercice musculaire réchauffe).

Les déchets

Des résidus issus du fonctionnement des cellules sont produits : le **CO_2** est évacué par les poumons ; l'**urée** est évacuée par les reins.

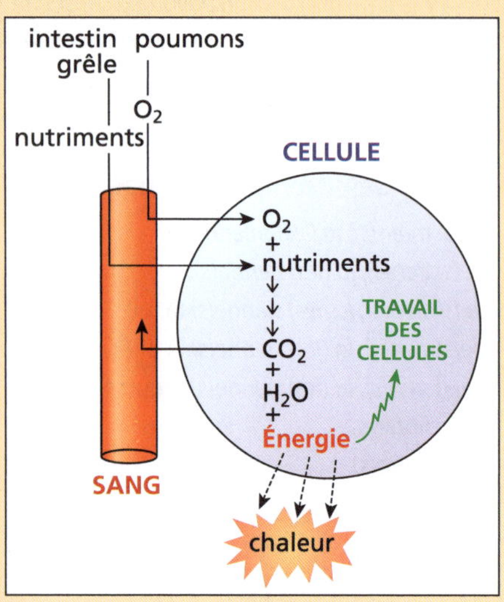

La respiration cellulaire.

1 Avant de faire du sport, on conseille souvent d'avaler un morceau de sucre.

a. **Énumère, dans l'ordre, les organes à travers lesquels ce sucre va passer successivement.**

....

b. La respiration cellulaire consiste en la transformation des nutriments dans les cellules au cours de phénomènes complexes. À l'issue de la digestion, le sucre est stocké dans le foie avant d'être libéré dans le sang au fur et à mesure des besoins.
Ajoute le foie à la bonne place dans la liste précédente.

....

2 Le cerveau consomme 75 mL de dioxygène par minute. Il consomme 118 g de sucre par jour.

a. **Combien de dioxygène (en L) consomme-t-il par jour ?**

....

....

b. Un homme consomme en moyenne 600 litres de dioxygène par jour.
Quel est le pourcentage consommé par le cerveau ?

....

....

c. **Combien d'énergie représentent 118 g de sucre ?**

....

....

3 Une tablette énergétique conseillée pour les sportifs a la composition suivante :

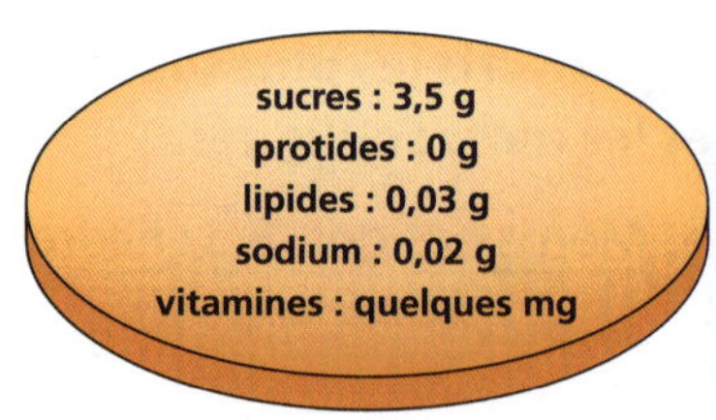

L'emballage donne une valeur énergétique de 60 kJ.
Vérifie cette valeur énergétique par le calcul.

....

....

Un corps pur : l'eau

1 Complète la phrase :

« L'eau pure est un ...., tandis que le jus de pamplemousse est un .... »

2 Propose une expérience qui permette de voir si une tranche de pain est fraîche ou sèche.

....

....

....

....

3 L'éprouvette et le bécher sont gradués en cm³. Indique les volumes des liquides qu'ils contiennent.

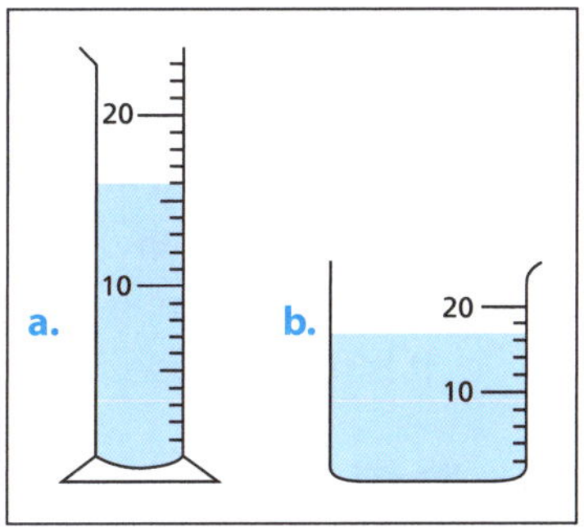

a. ....

b. ....

4 a. Quel est le volume de la bille ? (L'éprouvette est graduée en cL.)

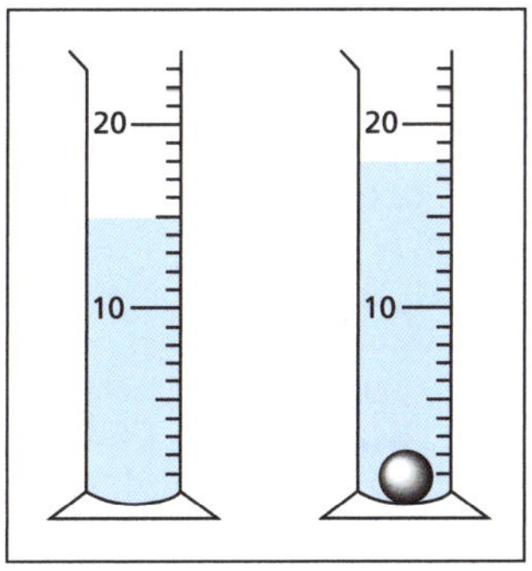

....

....

....

....

....

....

b. Si l'on ajoute dans cette éprouvette une 2ᵉ bille de 40 cm³, à quel niveau l'eau montera-t-elle ?

....

....

....

....

LE COURS

Les corps purs

Ces trois **béchers** contiennent apparemment le même liquide. Pourtant, les goûts de ces liquides sont différents. Il s'agit encore de mélanges.
Par les techniques de filtration-distillation vues en page 63 (ou d'autres plus complexes), débarrassons-les de leurs divers composants (calcaire, « chlore », sels minéraux…). Nous obtenons trois liquides strictement identiques : **l'eau**, qu'on qualifie alors de **« corps pur »**.
La plus petite quantité d'eau qui puisse exister s'appelle une **« molécule »** d'eau.

Tester la présence d'eau

Le **sulfate de cuivre anhydre** (c'est-à-dire sec) est un composé chimique ayant l'aspect de petits cristaux blancs. Si l'on y fait tomber une goutte d'eau, il devient bleu.
On l'utilise comme test pour savoir si un mélange contient ou non de l'eau.

Petit rappel

Au laboratoire, on mesure les volumes des liquides à l'aide de récipients gradués. L'éprouvette graduée ci-contre contient 12 cL d'eau.
Rappel : 1 L = 1 dm³.

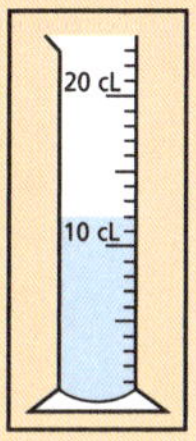

Bilan Séquence 8

Pour chaque question, coche la (ou les) bonne(s) réponse(s).
Ensuite, reporte-toi aux corrigés du livret détachable (page 21) et inscris ton score sur 10.

Français

1 380 s'écrit :

- a. trois cents quatre-vingts. ❑
- b. trois cent quatre-vingt. ❑
- c. trois cent quatre-vingts. ❑

2 Dans l'expression « Je voudrais du miel », « du » est :

- a. un article indéfini. ❑
- b. un article défini contracté. ❑
- c. un article partitif. ❑

Maths

3 Quelle expression mathématique correspond à la consigne : « choisis un nombre *x*, soustrais 4 et multiplie la différence par 7 » ?

- a. $x - 4 \times 7$ ❑
- b. $(x - 4) \times 7$ ❑
- c. $7 \times x - 4$ ❑

4 Quelle expression littérale est égale à $4x + 3 + 2x - 7$?

- a. $6x + 10$ ❑
- b. $9x - 7$ ❑
- c. $6x - 4$ ❑

5 Un quadrilatère a ses diagonales de même milieu et de même longueur. Alors, c'est :

- a. un rectangle ❑
- b. un losange ❑
- c. un parallélogramme quelconque ❑

6 *IJKL* est un losange. On peut affirmer que :

- a. $IK = JL$ ❑
- b. (IK) et (JL) sont perpendiculaires ❑
- c. $[IL]$ et $[JK]$ ont le même milieu ❑

Anglais

7 It is John's car. …

- a. It's hers. ❑
- b. It's theirs. ❑
- c. It's his. ❑

8 This is Jack and Gill's house. …

- a. It is our house. ❑
- b. It is his house. ❑
- c. It is their house. ❑

SVT

9 La respiration cellulaire produit :

- a. de l'énergie entièrement convertie en chaleur. ❑
- b. de l'énergie utilisable pour le travail des cellules. ❑
- c. uniquement du CO_2. ❑

Chimie

10 La plus petite quantité d'eau qui puisse exister s'appelle :

- a. une molécule. ❑
- b. une goutte. ❑
- c. un atome. ❑

Total …. / 10

Séquence 9

Réveil

Un mystérieux virus efface les livres quand on les lit ; Claudine, la narratrice, enquête chez les Zappeurs, partisans de l'ordinateur, opposés aux livres.

Je fus arrachée de mon lit. En une seconde, je compris : ma porte venait d'être enfoncée. Quatre ou cinq Zappeurs étaient là, dans ma chambre. Je reconnus aussitôt ceux qui m'avaient abordée dans le train : le garçon aux oreilles tatouées et l'Homme-Écran, son compère.

[…]

On tira les draps. Je roulai à terre. Deux mains fermes me relevèrent. On me mit sous le nez l'une des feuilles de mon calepin, celle que j'avais abandonnée la veille sur ma table et où était inscrit :

« Découvrir : qui a inventé le virus L.I.V. 3 ;
où il a été mis au point ;
s'il existe un antidote. »

« Ça tombe bien, dis donc !
– Ouais. On va répondre à toutes tes questions !
– Oh, pas nous : mais quelqu'un qui brûle d'envie de te voir.
– Enfin, c'est une façon de parler… »

Je les vis éclater de rire.

« Tu permets ? Pour le voyage, l'emballage est obligatoire. »

Ils me roulèrent dans le drap, me ficelèrent comme un vulgaire paquet. Je me sentis happée, puis installée sur des épaules vigoureuses. J'avais la respiration coupée. À travers le tissu qui me recouvrait le visage, je ne pouvais qu'entrevoir un peu de clarté.

Ma peur s'était évanouie. Après tout, j'avais ce que je désirais.

Christian Grenier,
Virus L.I.V. 3 ou la mort des livres

Lecture et compréhension

1 Replace les événements dans l'ordre chronologique en numérotant chaque phrase de 1 à 5.

a. La narratrice est roulée dans ses draps. n° ....
b. La narratrice prend le train. n° ....
c. La porte est enfoncée. n° ....
d. La narratrice tombe par terre. n° ....
e. Les Zappeurs montrent une page du calepin. n° ....

2 Parmi les Zappeurs qui entrent dans sa chambre, combien la narratrice en reconnaît-elle ?

Parmi les Zappeurs qui entrent dans sa chambre, ...

....

Vocabulaire

3 En quoi consiste l'« *emballage* » (l. 22) ?

....

....

musclé !

4 **Relève deux mots qui prolongent la comparaison de l'emballage.**

....

Orthographe

5 **Donne le participe passé au masculin singulier des verbes suivants.**

a. éteindre : ....

b. surprendre : ....

c. partir : ....

d. traduire : ....

6 **Souligne dans le texte deux participes passés accordés avec le COD et entoure le COD.**

7 **Complète les phrases avec les participes passés des verbes suivants ; attention aux accords !**

trouver infecter acheter lire

a. Nous avons *a*.................. des livres *i*.................. par le virus et nous les avons *l*.................. .

b. Avez-vous *l*.................. les livres que nous avons *a*.................. ?

c. Voici la feuille que j'ai *t*.................. par terre.

d. Le virus a *i*.................. tous les livres.

e. Elle a *t*.................. un antidote.

LE COURS

Le participe passé

• Au masculin singulier, le participe passé se termine par un **é** pour les verbes du 1er groupe, un **i** pour ceux du 2e groupe, un **i**, un **u**, un **s** ou un **t** pour ceux du 3e groupe.
Pour connaître la dernière lettre d'un participe passé, il faut le mettre au féminin :

> ***Ex.*** prendre : prise → pris   écrire : écrite → écrit
> endormir : endormie → endormi

• L'accord du participe passé :
– **employé sans auxiliaire**, le participe passé s'accorde avec le nom auquel il se rapporte ;

> ***Ex.*** Effrayée, la jeune fille s'évanouit.
> → Qui est « effrayée » ? La jeune fille.

– **employé avec l'auxiliaire « être »**, le participe passé s'accorde avec le sujet ;

> ***Ex.*** La jeune fille est kidnappée
> → Qui est « kidnappée » ? La jeune fille.

– **employé avec l'auxiliaire « avoir »**, le participe passé ne s'accorde jamais avec le sujet ; il s'accorde avec le COD si celui-ci est placé devant le verbe.

> ***Ex.*** Les Zappeurs ont **vu** la feuille et l'ont ramassée.
> COD placé après le verbe — COD placé avant le verbe
> Qu'est-ce qui est « vu » ? La feuille.
> → **Le mot est placé après : je n'accorde pas.**
> Qu'est-ce qui est « ramassé » ? La feuille (l').
> → **Le mot est placé avant le verbe : j'accorde.**

8 **Écris la terminaison des verbes (infinitif ou participe passé).**

a. Je voudrais invent… un antidote pour sauv… les livres qui sont détrui… par le virus.

b. Les livres de science-fiction que j'ai appréci… traitaient de problèmes que j'ai connu… à mon époque.

c. Cette histoire est imagin… par un écrivain qui veut nous faire aim… les livres.

Grammaire

9 **Relève un verbe à la voix passive dans le premier paragraphe, puis précise son mode et son temps.**

....

Tour à

LE COURS

Équation

Une **équation** est une égalité comportant un nombre inconnu représenté par une lettre.

Ex. L'égalité $2x+3=15$ est une équation d'inconnue x.

Solution

Dans une équation, une valeur de l'inconnue qui rend vraie l'égalité est une **solution** de l'équation.

Ex. Pour l'équation $2x+3=15$, 6 est une solution.
En effet, en remplaçant x par la valeur 6,
on a $2\times 6+3=15$.

Résolution d'une équation

Pour résoudre une équation, on écrit une suite d'équations dont la dernière est « inconnue = nombre solution ».

Pour passer d'une équation à la suivante, on peut :
- **effectuer un calcul** (addition, multiplication, développement, simplification…),
- **appliquer la même opération** aux deux membres de l'équation.

Ex. Pour résoudre l'équation

	$2x+3=15$	↓ **on soustrait 3**
On a	$2x+3-3=15-3$,	↓ **on calcule**
soit	$2x=12$.	↓ **on divise par 2**
On fait	$2x\div 2=12\div 2$.	↓ **on calcule**
d'où	$x=6$.	

La solution est 6.

Ils sont tout chauds !

1 Lucas et Manon ont fait un grand tour à vélo cet après-midi. Au retour, ils se sont arrêtés à la boulangerie pour acheter quatre pains au chocolat et une baguette, pour un montant total de 3,60 €. Manon se souvient que la baguette a coûté 0,80 €. Elle aimerait retrouver le prix d'un pain au chocolat.

a Soit x le prix d'un pain au chocolat.
Écris une équation qui traduit le problème.

....

b **Résous cette équation.**

....

....

....

c **Donne la réponse au problème de Manon.**

....

2 **Traduis par une équation chacune des phrases.**

a x est le nombre qui, ajouté à 23, donne 52.

....

b La somme de 5,7 et de x vaut 13,2.

....

c x est le nombre qui, soustrait de 37, donne 14.

....

d La différence entre 23,7 et x vaut 8,9.

....

3 **Pour chaque équation, explique pourquoi 5 *est solution* ou *n'est pas solution*.**

On ne demande pas de résoudre.

a $x\times 9=45$

....

b $x-8=-3$

....

c $12+x=18$

....

d $11-x=5$

....

vélo !

Tout pour écrire...

4 Lucas en a aussi profité pour passer à la papeterie ; il a acheté trois cartes postales et trois stylos pour un total de 12 euros. Les trois stylos ont le même prix et chaque carte postale coûte 2 euros de plus qu'un stylo. Soit x le prix d'un stylo.

a **Exprime en fonction de x le prix d'une carte postale.**

....

b Lucas a écrit comme équation : $3x + 3(x + 2) = 12$.

Résous cette équation et donne le prix d'un stylo, puis celui d'une carte postale.

....

....

....

....

....

5 **Résous les deux équations suivantes en complétant les transformations d'opérations.**

a $x + 13 = 36$ ↘

L'opération est « ajouter 13 ».

L'opération contraire est ....

On fait x = 36 ....,

soit x = ...

La solution est ....

b $3x - 5 = 13$ ↘

L'opération est ....

....

On fait $3x$ = ...,

soit $3x$ = ... ↘

....

....

On fait x = ...

La solution est ....

L'EXO MÉMO

6 **Résous les équations comme ci-contre.**

Un exemple : $3 + x = 12$ s'écrit aussi $x = 12 - 3$; on a donc $x = 9$. La solution est 9.

a $23 + x = 45$ s'écrit aussi .... ;

on a donc ....

b $16,5 + x = 13,7$ ....

....

c $x + 14,3 = 22$ ....

....

L'EXO COSTAUD

7 **Résous les équations comme ci-contre.**

Un exemple : $25 - x = 4$ s'écrit aussi $x = 25 - 4$; on a donc $x = 21$. La solution est 21.

a $32 - x = 15$ s'écrit aussi .... ;

on a donc ....

b $6,3 - x = 1,8$ ....

....

c $14,3 - x = -3$ ....

....

L'EXO RIGOLO

8 Dans un magasin, une boîte de pâté a une masse totale de 270 g. La masse du pâté est de 230 g supérieure à celle de la boîte.

Revois la méthode utilisée par Lucas pour les stylos et les cartes postales.

Quelle est la masse de la boîte vide ?

....

....

....

Visite

LE COURS

Fractions de même dénominateur

• Pour additionner des fractions de même dénominateur, on ajoute les numérateurs en conservant le dénominateur commun.

Ex. $\frac{4}{11}+\frac{3}{11}+\frac{1}{11}=\frac{4+3+1}{11}=\frac{8}{11}$.

• Pour soustraire deux fractions de même dénominateur, on soustrait les numérateurs en conservant le dénominateur commun.

Ex. $\frac{5}{7}-\frac{4}{7}=\frac{5-4}{7}=\frac{1}{7}$.

Fractions de dénominateurs différents

Pour additionner ou soustraire des fractions de dénominateurs différents, on commence par transformer les fractions pour avoir des fractions de même dénominateur.

Ex. $\frac{7}{4}-\frac{1}{10}+\frac{3}{5}$

$=\frac{7\times5}{4\times5}-\frac{1\times2}{10\times2}+\frac{3\times4}{5\times4}$

On écrit les trois fractions avec le même dénominateur 20.

$=\frac{35}{20}-\frac{2}{20}+\frac{12}{20}$

$=\frac{35-2+12}{20}$

$=\frac{45}{20}=\frac{9\times5}{4\times5}=\frac{9}{4}$.

On simplifie toujours le résultat.

Au temps des hiéroglyphes

1 Une petite visite au musée Champollion de Figeac a permis à Manon et Lucas de découvrir que les Égyptiens écrivaient les fractions des nombres compris entre 0 et 1 comme somme de fractions de numérateurs 1.

Transforme chacune des sommes égyptiennes en une fraction simplifiée.

Réduis au même dénominateur pour additionner.

a $\frac{1}{2}+\frac{1}{3}=$ ....

b $\frac{1}{3}+\frac{1}{4}=$ ....

c $\frac{1}{12}+\frac{1}{4}=$ ....

2 Effectue les calculs suivants sans oublier de simplifier les résultats.

a $\frac{3}{8}+\frac{7}{8}=$ ....

b $\frac{11}{100}-\frac{4}{100}=$ ....

c $\frac{5}{42}+\frac{11}{42}-\frac{4}{42}=$ ....

3 Effectue les opérations suivantes.

Revois les règles de priorités *page 8* *et celles sur les fractions* *page 69*.

a $\frac{2}{7}+\frac{5}{7}\times\frac{3}{2}=$ ....

....

b $\frac{3}{4}\times\frac{5}{3}+\frac{1}{4}=$ ....

....

c $\frac{2}{11}+\frac{8}{3}\times\frac{2}{11}=$ ....

....

au musée

d $\frac{7}{3}-\frac{5}{6}\times\frac{4}{5}=$ ....

....

Bon appétit !

Écris chaque entier comme une fraction.

4 **Effectue les calculs suivants.**

a $\frac{2}{5}+3=$ ....

b $\frac{31}{4}-4=$ ....

c $\frac{11}{2}-\frac{7}{3}+4=$ ....

5 Manon, Lucas et leurs amis partagent un gâteau carré au goûter. Ils en mangent d'abord la moitié, puis un tiers.

a **Représente la situation à l'aide d'un carré de côté 3 cm.**

b **Exprime à l'aide d'une fraction la part de gâteau restante.**

....

6 C'est l'heure de préparer le repas. Dans un bocal de conserve petits pois - carottes, l'eau occupe les trois vingtièmes du volume et les carottes occupent la moitié du volume.

a **Exprime en une fraction la part du volume occupé par l'eau et par les carottes.**

....

b **Calcule la part du volume occupé par les petits pois.**

Dans un partage, la somme des parts vaut 1.

....

....

L'EXO MÉMO

7 Une somme de 60 euros est partagée entre Sonia, Eva et Enzo. Sonia reçoit les deux tiers de la somme et Eva un quart.

a **Quelle fraction de la somme Enzo reçoit-il ?**

....

....

....

b **Calcule la part reçue par chacun.**

....

....

....

L'EXO RIGOLO

8 Calcule astucieusement.

$\frac{1}{3}+\frac{3}{5}+\frac{5}{7}+\frac{2}{3}+\frac{2}{5}+\frac{2}{7}$

= ....

= ....

L'EXO COSTAUD

9 Une fleuriste a vendu les $\frac{3}{5}$ de ses bouquets le matin et les $\frac{3}{10}$ l'après-midi. Sachant qu'il lui reste cinq bouquets en fin de journée, quel était le nombre initial de bouquets ?

....

....

....

....

....

Stop

Last weekend, Tom and his parents went camping in the Yosemite National Park. In the evening, the sky was so beautiful that they decided to observe the stars.

While[1] they were looking at the stars, Tom fell asleep[2] then they all went to bed. They were sleeping when a big shape[3] began to move around the tent. Tom woke up and looked outside[4]. He saw a bear. What was the bear doing? It was eating their breakfast! Tom yelled[5] "stop thief[6]!" The bear ran away[7]. Bears too like cereal[8] with honey!

---

1. **while :** *pendant que.* 2. **to fall asleep :** *s'endormir.* 3. **a shape :** *une forme.* 4. **outside :** *à l'extérieur, dehors.* 5. **to yell :** *hurler.* 6. **stop thief! :** *au voleur !* 7. **to run away :** *se sauver.* 8. **cereal** (indénombrable) **:** *des céréales.*

Le sais-tu ?

Le parc national de Yosemite se trouve au centre de la Sierra Nevada, la plus haute chaîne de montagnes de Californie, aux États-Unis.

Mots et expressions

Le sens d'un verbe peut changer selon qu'il est suivi ou non d'une particule.

Expressions avec le verbe *look*

Look at the bear! (at + complément) *Regarde l'ours !*

It looks nice. (look + adjectif) *Il a l'air gentil.*

It's looking away. *Il regarde ailleurs.*

It looks like Yogi Bear. *Il ressemble à Yogi Bear.*

It's looking for our food. *Il cherche notre nourriture.*

Who looks after it? *Qui s'en occupe ?*

Look out! It's coming. *Fais attention ! Il arrive.*

Comprendre

1 Vrai (V) ou faux (F) ? Lis le texte et entoure la bonne réponse.

a. Tom went to bed before looking at the stars. V F

b. The big shape was a bear. V F

c. The bear ate Tom. V F

2 Lis le texte, puis réponds aux questions.

a. Where did Tom go last week?

....

b. Who fell asleep first, Tom or his parents?

....

c. What do bears like? ....

3 Complète les phrases en t'aidant des expressions de l'encadré ci-dessus.

a. Tom .... a lot .... his father. b. What are you doing? I am .... my keys.

c. ....! There's a car! d. Your new phone .... very modern!

thief!

S'entraîner

4 Mets les phrases au prétérit de *be* + *-ing*.

a. That bear is eating honey. ....

....

b. These bears are looking at the tourists. ....

....

c. Is Tom camping in the Yosemite Park? ....

....

**5 Complète les questions posées par le journaliste.
Aide-toi des réponses en italique pour bien choisir le temps.**

a. (what/you/do) ....

.... when the bear arrived? *I was sleeping.*

b. (what/you/see) .... when you woke up? *I saw the bear.*

c. (what/it/do) ....?
It was eating my breakfast.

d. (what/you/do) ....?
I yelled.

6 Complète les phrases en conjuguant le verbe entre parenthèses au prétérit simple ou au prétérit *be* + V-*ing*.

When Mum .... (open) the door, everybody .... (be) at home: Jimmy .... (watch) TV, Marion .... (read) a magazine, Dad .... (cook) dinner. "Hello everybody!", Mum .... (say).

LE COURS

Le prétérit *be* + V-*ing*

Le prétérit **be** + V-**ing** sert à indiquer une action en train de se dérouler dans le passé. On le traduit par l'imparfait.

> **Ex.** I **was listening** to music. My brothers **were playing** with the dog. *J'écoutais (étais en train d'écouter) de la musique. Mes frères jouaient (étaient en train de jouer) avec le chien.*

Sa construction est la même que pour le présent **be** + base verbale + **-ing** mais l'auxiliaire **be** est conjugué au prétérit.

> **Ex.** I **am** play**ing**. I **was** play**ing**. *Je joue. Je jouais.*
> ↑ Présent ↑ Prétérit

• À la **forme affirmative** :
sujet + ***was***/***were*** + base verbale + ***-ing***.

> **Ex.** Yesterday I **was** work**ing** inside the house! *Hier je travaillais à l'intérieur de la maison !*

• À la **forme interrogative** :
was/***were*** + sujet + base verbale + ***-ing*** + ?

> **Ex.** **Were** you watch**ing** TV this morning while I **was** shopp**ing**? *Est-ce que tu regardais la télé ce matin pendant que je faisais les courses ?*

• À la **forme négative** :
sujet + ***was***/***were*** + not + base verbale + ***-ing***.

> **Ex.** Cindy **wasn't** sleep**ing** at one a.m. last night! *Cindy ne dormait pas à une heure du matin la nuit dernière !*

Prétérit *be* + V-*ing* ou prétérit simple ?

Lorsque deux actions courtes se suivent, on emploie le prétérit simple.

> **Ex.** The thief **was breaking** the door. The policeman **jumped** on him and **threw** him to the ground. *Le voleur était en train de casser la porte. Le policier lui sauta dessus et le jeta au sol.*

La monarchie absolue au XVIIe siècle en France

LE COURS

La monarchie absolue sous le règne de Louis XIV (1643-1715)

- Le roi détient **seul** la souveraineté. Il exerce son pouvoir sur ses sujets. Il peut les faire enfermer sans jugement par des lettres de cachet : c'est **l'arbitraire royal**.
- Le roi prétend tenir son pouvoir de Dieu : c'est un **roi de droit divin**.
- Le roi détient **tous les pouvoirs** : exécutif, législatif et judiciaire.
- Cependant le roi a **des devoirs** : il doit assurer la justice, défendre la religion catholique, le royaume et les particularismes des provinces ; le roi n'est **pas un tyran**.

L'État royal

- Le roi gouverne seul mais il se fait aider de **conseils** (conseil d'En haut pour les grandes décisions, conseil des Finances, conseil des Parties pour la justice, conseil des Dépêches pour l'administration). Il est représenté dans les provinces par des **intendants**.
- Le roi étend le royaume par des conquêtes et le fait protéger par une ceinture de forteresses édifiées par **Vauban**.
- Le roi est **un mécène** : il emploie de nombreux artistes qui célèbrent sa gloire. Le château de **Versailles** est admiré dans toute l'Europe.

1 Complète le schéma en indiquant :
- **de qui le roi tient son pouvoir ;**
- **les noms de ses conseils spécialisés, à Versailles ;**
- **qui le représente en province.**

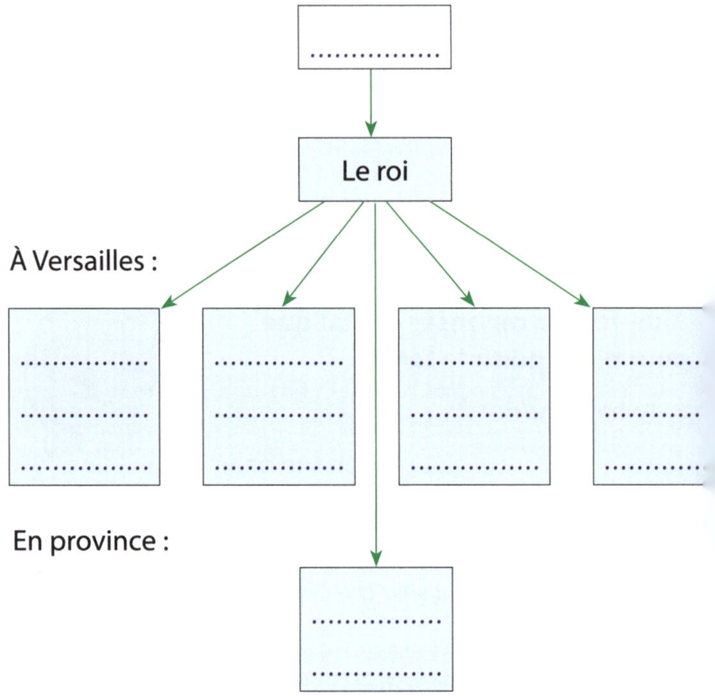

2 Redonne à chaque personnage le métier qu'il exerçait à l'époque de Louis XIV, en t'aidant d'un dictionnaire ou d'une encyclopédie :

1) auteur de pièces de théâtre ; 2) architecte *(2 fois)* ; 3) peintre ; 4) sculpteur ; 5) jardinier ; 6) musicien et compositeur.

a. Jules Hardouin-Mansart → ....
b. André Le Nôtre → ....
c. Charles Le Brun → ....
d. Molière → ....
e. Jean-Baptiste Lully → ....
f. François Girardon → ....
g. Louis Le Vau → ....

Les hommes et l'accès à l'eau

1 Observe le circuit de l'eau potable et place les mots suivants :

captage *(2 fois)* – filtrage – stockage – distribution – épuration – retour à l'environnement.

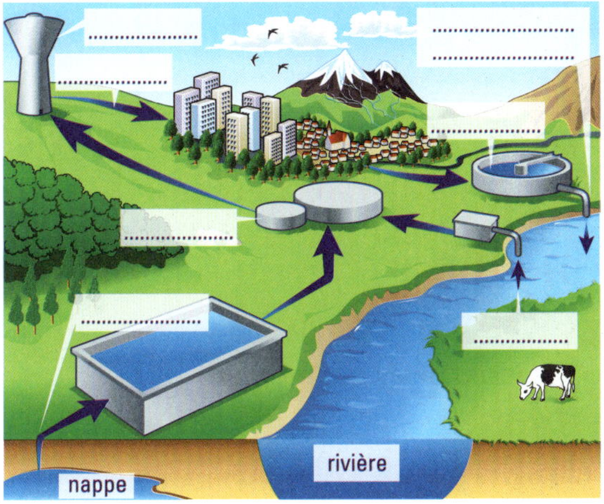

2 Analyse le graphique et complète les phrases.

Évolution de la consommation mondiale d'eau au cours du XXe siècle

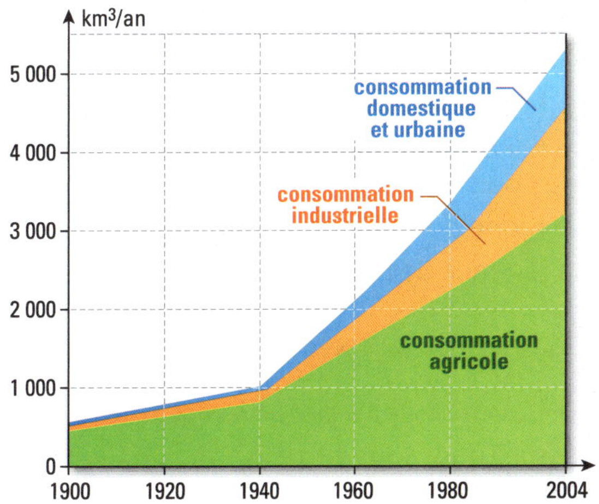

LE COURS

Une eau inégalement répartie

L'**eau douce** est une ressource inégalement répartie :
– les régions arides et semi-arides ne reçoivent que 6 % des précipitations ;
– les régions équatoriales et tempérées ouvertes aux influences maritimes sont très arrosées.

Une ressource vitale et convoitée

- L'eau est **indispensable** à la vie des hommes : boisson, agriculture (71 % de l'eau prélevée), industrie, usages domestiques (lavage, cuisine, arrosage…).
- La **consommation d'eau** croît plus vite que la population : elle a été **multipliée par 5 depuis 1950**, alors que la population a été multipliée par 2,5. L'irrigation a quintuplé au XXe siècle.

Un bien commun menacé

- La **dégradation des eaux** est un problème mondial : présence de nitrates liés à l'agriculture, de polluants chimiques industriels et de métaux lourds entraînés par les eaux de pluie. La dépollution est très coûteuse.
- L'**accès à l'eau potable** est très **inégalitaire**. Les pays riches disposent des aménagements nécessaires, mais 1,2 milliard d'êtres humains n'ont pas accès à l'eau potable et 5 millions meurent chaque année à cause d'une eau contaminée. Dans les pays pauvres, les ruraux restent très dépendants du climat et les villes opposent les quartiers aisés, avec 300 litres d'eau par jour et par personne, et les bidonvilles, avec 40 litres par jour et par personne.
- **L'accès à l'eau saine pour tous est à garantir** pour éviter de nouvelles tensions dans le monde.

a. De 1940 à 2004, la consommation mondiale d'eau a été multipliée par un peu plus de ....

b. Le secteur économique qui consomme le plus d'eau est .... L'augmentation de sa consommation est due à l'augmentation des terres cultivées et à l'essor de l'.. .

c. L'augmentation de la consommation .... et .... est liée à la croissance de la population et des besoins dans les villes.

Bilan Séquence 9

Pour chaque question, coche la (ou les) bonne(s) réponse(s).
Ensuite, reporte-toi aux corrigés du livret détachable (page 25) et inscris ton score sur 10.

Français

1 Concernant le participe passé employé avec l'auxilaire « avoir », la proposition juste est :

a. Il ne s'accorde jamais. ❑

b. Il s'accorde avec le COD si celui-ci est placé avant le verbe. ❑

c. Il s'accorde avec le sujet si le COD est placé avant le verbe. ❑

2 La phrase correcte est :

a. Les cadeaux que tu as choisi ont beaucoup plu à Stéphane. ❑

b. Les cadeaux que tu as choisis ont beaucoup plu à Stéphane. ❑

c. Les cadeaux que tu as choisis ont beaucoup plus à Stéphane. ❑

Maths

3 « x est le nombre qui, retranché de 31, donne 18. » Par quelle équation peut-on exprimer cette phrase ?

a. $x - 31 = 18$ ❑

b. $x + 31 = 18$ ❑

c. $31 - x = 18$ ❑

4 La solution de l'équation $5x - 7 = 4x + 5$ est :

a. 11 ❑

b. 12 ❑

c. 13 ❑

5 Quel calcul a pour résultat $\frac{19}{10}$?

a. $\frac{11}{4} + \frac{8}{6}$ ❑

b. $\frac{17}{8} + \frac{2}{3}$ ❑

c. $\frac{2}{5} + \frac{3}{2}$ ❑

6 Que vaut $\frac{5}{6} + \frac{2}{3} \times \frac{1}{2}$?

a. $\frac{7}{6}$ ❑

b. $\frac{8}{11}$ ❑

c. $\frac{11}{18}$ ❑

Anglais

7 What a lovely girl! …

a. She looks away her mum. ❑

b. She looks out her mum. ❑

c. She looks like her mum. ❑

8 What … you watching when I arrived?

a. did ❑

b. was ❑

c. were ❑

Histoire

9 Les dates 1643-1715 désignent :

a. la naissance et la mort de Louis XIV. ❑

b. le règne de Louis XIV. ❑

c. la régence de Louis XIV. ❑

Géographie

10 L'accès à l'eau potable est :

a. assuré dans tous les pays du monde. ❑

b. généralisé dans les pays riches. ❑

c. très contrasté dans les pays du Sud. ❑

Total …. / 10

Séquence 10

Un dîner

Harry Potter doit passer ses vacances chez son oncle Vernon, sa tante Pétunia et son cousin Dudley qui le détestent. L'oncle Vernon a invité à dîner un gros client et sa femme.

– Je crois que nous ferions bien de revoir le programme une fois de plus, dit l'oncle Vernon. Nous devrons tous être à nos postes à huit heures précises. Pétunia, tu seras ?

– Dans le salon, répondit aussitôt la tante Pétunia. Prête à recevoir nos invités avec la distinction qui s'impose.

– Bien, très bien. Et toi, Dudley ?

– J'attendrai près de la porte pour leur ouvrir dès qu'ils auront sonné.

Il ajouta d'une voix fausse et maniérée :

– Puis-je me permettre de vous débarrasser de vos manteaux, Mr et Mrs Mason ?

– Ils vont *l'adorer* ! s'exclama la tante Pétunia avec ravissement.

– Excellent, Dudley, approuva l'oncle Vernon.

Il se tourna alors vers Harry.

– Et *toi* ?

– Je resterai dans ma chambre en silence et je ferai semblant de ne pas être là, répondit Harry d'une voix monocorde.

– Exactement, dit l'oncle Vernon d'un ton mauvais. Je les conduirai au salon, je te les présenterai, Pétunia, et je leur servirai l'apéritif. À huit heures quinze…

– J'annoncerai que le dîner est servi, dit la tante Pétunia.

– Et toi, Dudley, tu diras…

– Puis-je vous accompagner jusqu'à la salle à manger, Mrs Mason ? dit Dudley en offrant son bras grassouillet à une dame invisible.

– Mon parfait petit gentleman ! s'exclama la tante Pétunia avec émotion.

– Et toi ? dit l'oncle Vernon d'une voix méchante en se tournant vers Harry.

– Je resterai dans ma chambre en silence et je ferai semblant de ne pas être là, répondit sombrement Harry.

– Exactement. […]

J. K. Rowling,
Harry Potter et la chambre des secrets,
traduction de Jean-François Ménard

Lecture et compréhension

1 **Souligne dans le texte les répliques qui appartiennent à la scène imaginée de l'arrivée des invités.**

2 **Quel personnage est désigné par le pronom « *l'* » (l. 14) dans la phrase « *Ils vont l'adorer* » ?**

« L' » désigne ....

Vocabulaire

3 **Associe les synonymes.**

a. monocorde •	• **1.** raffiné
b. maniéré •	• **2.** agréable
c. distingué •	• **3.** uniforme
d. avenant •	• **4.** moqueur
e. narquois •	• **5.** exagérément raffiné

si important

4 **Donne les noms correspondant aux verbes.**

a. revoir : ....

b. recevoir : ....

c. approuver : ....

Orthographe

5 **Complète avec *leur* ou *leurs*. Attention, placé devant un verbe *leur* est un pronom personnel invariable !**

a. J'irai .... ouvrir la porte et je .... montrerai le chemin. Je les débarrasserai de .... manteaux.

b. Pour moi, ... façon de parler est trop maniérée.

c. Mais je ne vais pas oser le .... dire !

6 **Réécris ces phrases en remplaçant *nous* par *je* et fais les accords si nécessaire.**

a. Nous ferions bien de revoir le programme.

....

b. Nous devrons être à nos postes à huit heures.

....

c. Nous les conduirions au salon.

....

d. Nous prendrons un verre avec toi.

....

LE COURS

Le futur simple de l'indicatif

• Les verbes au futur simple de l'indicatif ont tous les mêmes terminaisons.

Ex. dire : je dir**ai**, tu dir**as**, il dir**a**, nous dir**ons**, vous dir**ez**, ils dir**ont**

• Pour les verbes du 1er et du 2e groupe et pour certains verbes du 3e, les terminaisons s'ajoutent à l'infinitif du verbe.

Ex. crier : je cri**e**r**ai** jouer : je jou**e**r**ai**
→ Ne pas oublier le **-e muet** !
broyer : je bro**i**er**ai**
→ Le **-y** se transforme en **-i** devant un **-e muet**.

Le conditionnel

• Le présent du conditionnel se forme sur le même radical que le futur simple à qui il ressemble. Ses terminaisons sont celles de l'imparfait.

Ex. dire : je dir**ais**, tu dir**ais**, il dir**ait**, nous dir**ions**, vous dir**iez**, ils dir**aient**

• Pour ne pas confondre le futur simple et le présent du conditionnel à la 1re personne du singulier, il faut mettre le verbe à la 3e personne du singulier.

Ex. Je viendr**ai** te voir demain.
(Il viendr**a** → futur simple)
Je viendr**ais** si tu m'invitais.
(Il viendr**ait** → présent du conditionnel)

• Le passé se forme avec l'auxiliaire au présent du conditionnel.

Ex. j'aurais dit je serais allé(e)
(À ne pas confondre avec le futur antérieur !)

Conjugaison

7 **Complète le tableau en écrivant les verbes à la 1re personne du singulier.**

	Futur simple de l'indicatif	Présent du conditionnel	Imparfait de l'indicatif
ouvrir			
plier			
essuyer			
savoir			

Promenade

LE COURS

Inégalité triangulaire

- Soit *A*, *B* et *C* trois points. On a toujours :

$AB \leqslant AC + CB$.

- Dans un triangle, la longueur du plus grand côté est toujours plus petite que la somme des longueurs des deux autres côtés.
- Si le point *C* appartient au segment [*AB*], alors on a $AB = AC + CB$.
- Si on a $AB = AC + CB$, alors le point *C* appartient au segment [*AB*].

Construction de triangles

- On ne peut construire un triangle *ABC*, avec des longueurs *AB*, *AC* et *CB* données, que si la plus grande de ces trois longueurs est inférieure à la somme des deux autres. En cas d'égalité entre la plus grande longueur et la somme des deux autres, le triangle est aplati.

> ***Ex.*** On peut construire un triangle *ABC* avec $AB = 5$ cm, $AC = 3$ cm et $CB = 7$ cm, car on a $7 \leqslant 5 + 3$.
> On ne peut pas construire un triangle *POI* avec $PO = 5$ cm, $PI = 3$ cm et $IO = 10$ cm, car on a $10 \geqslant 5 + 3$.

- Un arc de cercle de centre *O* et de rayon *r* permet de placer un point *M* tel que $OM = r$ et situé sur une droite ou un arc de cercle déjà tracé.

Le Corbeau et le Renard

1 Manon, Lucas et leurs parents font une promenade en forêt. Les allées y sont rectilignes. Au Carrefour du Corbeau (C), ils lisent sur trois panneaux :

– Carrefour du Renard (R) 0,8 km ;
– Carrefour de la Fontaine (F) 0,6 km ;
– Carrefour du Lac (L) 1,2 km.

Au Carrefour du Renard, il y a trois autres panneaux :
– Carrefour du Lac 2,1 km ;
– Carrefour du Corbeau 0,8 km ;
– Carrefour de la Fontaine 0,9 km.

a **Complète le schéma ci-dessous avec les distances données par les panneaux.**

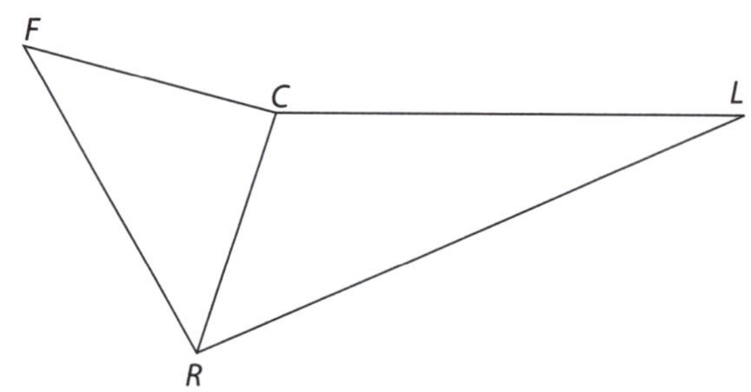

b Arrivé au Carrefour du Renard, Lucas déclare que l'un des panneaux indiquant les distances entre les points *C*, *L* et *R* est faux. **Explique pourquoi il a raison.**

....

....

....

2 Sur un segment [*NP*], on a placé un point *M* tel que $NM = 3$ cm et $MP = 5$ cm.
Calcule la longueur *NP*.

....

....

3 **Prouve que le triangle *ABC* existe.**
$AB = 5$ cm ; $BC = 4$ cm et $CA = 3$ cm.

....

....

....

en forêt

Triangles en bois !

4 Lors de leur promenade, Manon et Lucas ont ramassé chacun trois bâtons.

a Les bâtons de Manon mesurent 60 cm, 70 cm et 90 cm.

Peut-elle former un triangle dont les côtés seraient ses bâtons ?

....

....

b Les bâtons de Lucas mesurent 30 cm, 70 cm et 120 cm.

Peut-il former un triangle dont les côtés seraient ses bâtons ?

....

....

5 On a un triangle *ABC*, avec *AB* = 2 cm, *BC* = 3 cm et *AC* = 2,5 cm.
À l'aide de la règle et du compas, construis le triangle *ABC*.

6 *DEF* est un triangle isocèle en *E*, avec *DE* = 2 cm et *DF* = 3 cm.
À l'aide des instruments, construis le triangle *DEF* et ses trois médianes.

Une médiane d'un triangle est une droite passant par un sommet et le milieu du côté opposé.

L'EXO RIGOLO

7 Lucas et Manon ont inventé un jeu avec leurs six bâtons de longueur 30, 60, 70, 70, 90 et 120 cm. Il faut en choisir trois au hasard et, si l'on peut construire un triangle (éventuellement aplati) avec les trois morceaux, c'est gagné.
Manon a tiré un premier bâton et dit tout de suite « j'ai gagné ! ».
Quel bâton a-t-elle tiré pour être sûre d'être gagnante ? Justifie ta réponse.

....

....

....

L'EXO COSTAUD

8 Manon et Lucas ont maintenant construit deux triangles *TRI* isocèles en *I*, de périmètre 12 cm et dont un côté mesure 5 cm. Leurs deux triangles ne sont pas semblables.

a Un côté du triangle de Manon mesure 2 cm. **Complète son triangle.**

I |———— 5 cm ————|

b **Calcule les dimensions du triangle de Lucas.**

C'est le côté opposé à *I* qui mesure 5 cm.

....

....

....

....

À la fête

LE COURS

Représentation graphique

• Les données statistiques peuvent être présentées sous forme de diagramme.

• Dans un **diagramme en bâtons** ou **en barres**, la taille des objets est proportionnelle aux effectifs.

• Dans un **diagramme circulaire** ou **semi-circulaire**, les mesures des angles des secteurs sont proportionnelles aux grandeurs représentées.

Fréquences

Dans une série statistique, on appelle **fréquence d'une valeur**, le quotient de l'effectif de cette valeur par l'effectif total de la série.

Ex. Dans une série de 50 valeurs, une valeur qui apparaît 18 fois a pour fréquence $18 \div 50$, soit 0,36.

Histogrammes

• Pour des données numériques nombreuses, on effectue des **regroupements en classes**.

• La **classe** « $130 \leqslant n < 135$ » représente tous les nombres compris entre 130 (inclus) et 135 (exclu).

• La représentation graphique de données regroupées en classes est un **histogramme**.

Ex. L'histogramme ci-dessous représente les tailles des élèves dans une classe de cinquième.

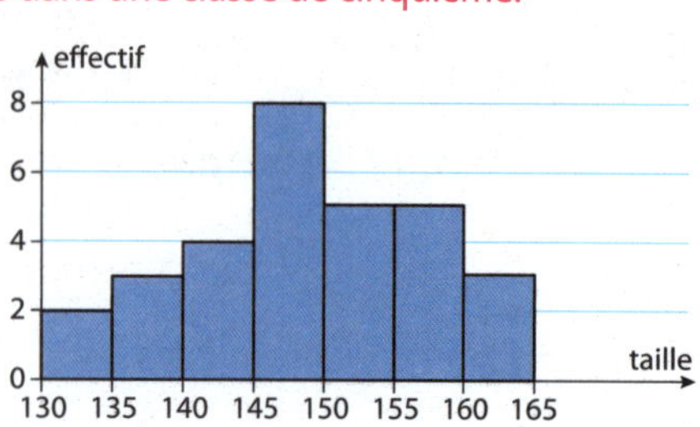

Il y a 8 élèves dans la classe que l'on peut noter $145 \leqslant t < 150$, avec t la taille.

Chacun fait ce qu'il lui plaît...

1 Manon a compté les stands de la fête foraine qui s'est installée sur la place du village, puis elle a dressé le tableau ci-contre.

nature du stand	effectif	fréquence
manège	15	
jeux	23	
restauration	10	
autres	2	

a **Calcule le nombre total de stands.**

....

....

b **Après avoir calculé les fréquences, complète le tableau.**

Donne les valeurs décimales des quotients.

c **Représente ces données à l'aide d'un diagramme en barres.**

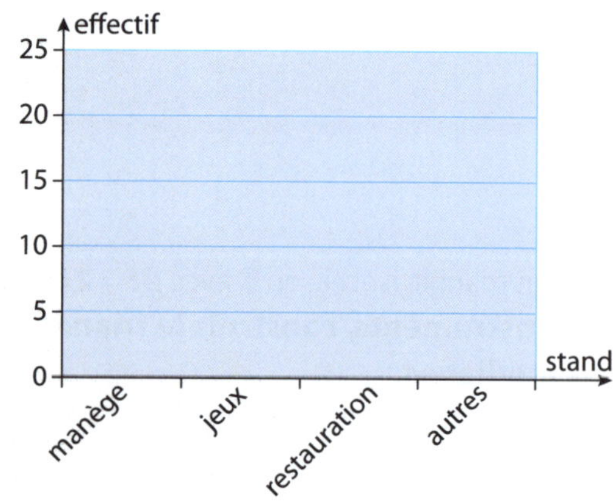

2 Dans un club de bridge, il y a 10 % de jeunes âgés de moins de 20 ans et 70 % de vétérans âgés de plus de 60 ans. Les autres membres sont seniors.

a **Calcule la fréquence des seniors.**

La somme des fréquences vaut 1.

....

....

b Le club compte 80 membres.

Calcule l'effectif de chacune des catégories.

....

....

foraine

Jeux pour tous !

3 Lucas a classé les jeux de la fête foraine en quatre catégories.

catégorie	effectif	angle
manège	5	
adresse	12	
réflexion	4	
machine à sous	2	
total	23	360°

a Il souhaite représenter cette répartition par un diagramme circulaire.

Complète la colonne des angles en arrondissant au degré près.

Les angles sont proportionnels aux effectifs.

b **Réalise cette représentation circulaire à partir des mesures d'angles trouvées dans le tableau.**

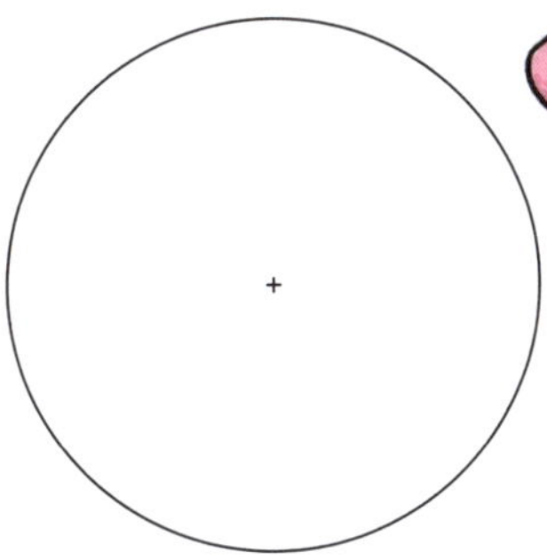

4 On a relevé les tailles des élèves d'une classe de cinquième et dressé l'histogramme donné dans la partie « Cours ».

a **Quelle est la classe de tailles de plus grand effectif ?**

....

....

b **Complète le tableau avec les classes et les effectifs.**

taille *t*	effectif
$130 \leqslant t < 135$	

L'EXO MÉMO

5 **Réponds par « Vrai » ou par « Faux ».** *n* désigne un nombre.

a 5 appartient-il à la classe $4 \leqslant n < 8$?

....

b 4 appartient-il à la classe $4 \leqslant n < 8$?

....

c 8 appartient-il à la classe $4 \leqslant n < 8$?

....

d Seuls les nombres 4, 5, 6 et 7 appartiennent à la classe $4 \leqslant n < 8$.

....

L'EXO COSTAUD

6 Un poissonnier propose deux fois plus de poissons de la mer Méditerranée que de poissons de la mer du Nord et trois fois plus de poissons de la mer du Nord que de poissons de l'océan Atlantique. Il propose autant de poissons venant de Bretagne que de la mer Méditerranée.

Détermine la fréquence, en pourcentage, de chacune des quatre origines de poissons.

....

....

....

....

....

....

....

....

....

....

A vampire's

Dear Mummy,

What a pity nights are so short in summer! But don't worry, I won't go out before twilight[1]. Tonight, I'm going to the beach with my new girlfriend. Her throat[2] will look lovely in the moonlight. Will I bite her? I'll tell you when I come back next week.

Xxx[3] Love from Edward

PS As a souvenir, I'll bring you a bottle of Scottish blood to taste...

Mrs D. Racula
6, Bloody lane
Gravesend
DA12
U.K.

1. twilight : *le crépuscule.* **2. throat :** *gorge.*
3. XXX : *les bises adressées au destinataire.*

Comprendre

1 Vrai (V) ou faux (F) ? Lis la carte et entoure la bonne réponse.

a. Edward is a normal child.	V	F
b. He's at the seaside.	V	F
c. He loves lying in the sun.	V	F
d. He is writing to his father.	V	F

2 Réponds aux questions.

a. What will Edward do tonight? ....

....

b. When will Edward go home? ....

....

c. What will he bring his Mum? ....

....

Mots et expressions

to do some shopping *faire les courses*

Les noms de commerçants

the baker *le boulanger*
the chemist *le pharmacien*
the fishmonger *le poissonnier*
the florist *le fleuriste*
the grocer *l'épicier*
the newsagent *le marchand de journaux*

Les noms de commerces

the clothes shop *le magasin de vêtements*
the bookshop *la librairie*
the coffee shop *le salon de thé*

Pour les autres magasins, ajouter **'s** après le nom de métier.
Ex. the baker's (shop) *la boulangerie*

holiday

S'entraîner

3 Complète la grille avec des noms de lieux ou de magasins, puis découvre dans les cases grisées le seul endroit où Edward le vampire peut trouver une boisson à sa convenance.

You will go there to buy:

A. bread
B. everything!
C. T-shirts
D. aspirin
E. nothing, but you learn a lot!
F. magazines
G. flowers

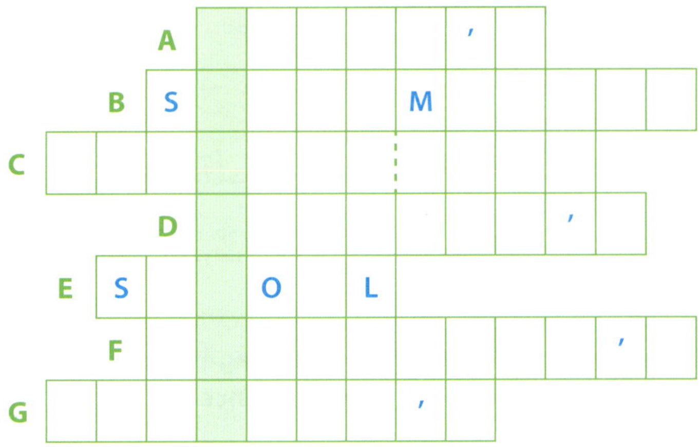

LE COURS

Plusieurs possibilités pour exprimer le futur

• Avec le présent ***be*** + V-***ing***, un complément de temps indique clairement qu'il s'agit de l'avenir.

Ex. We **are** eat**ing** at the restaurant tonight.
Nous mangeons au restaurant ce soir. (De même qu'en français on peut utiliser le présent avec un sens futur.)

• Avec l'expression ***be going to*** + base verbale pour exprimer une intention.

Ex. I **am going to** buy a souvenir for my parents. *Je vais / j'ai l'intention d'acheter un souvenir pour mes parents.*

• Avec l'auxiliaire modal ***will*** suivi de la base verbale, qui annonce un événement certain. ***Will*** est identique à toutes les personnes. Forme contractée : ***'ll***.

Ex. They **'ll** phone. They **won't (= will not)** write.
Ils téléphoneront, ils n'écriront pas.
Will you help me, please? Of course, I **will**!
M'aideras-tu s'il te plaît ? Bien sûr !

• Attention, le futur ne s'emploie jamais en anglais dans **les propositions de temps** après ***when***, ***as soon as*** (dès que), ***until*** (jusqu'à ce que), ni dans les conditionnelles (***if***).

Ex. I will help you **when / as soon as** you ask me.
Je t'aiderai quand / dès que tu me le demanderas.
If it **is** not too cold, we'll play in the water.
S'il ne fait pas trop froid, nous jouerons dans l'eau.

4 Complète les phrases au futur (emploie *will* ou *won't* selon le cas).

a. I phone my Granny every week, so I .... next week.

b. I never catch butterflies, so tomorrow ....

c. Edward's Mum is happy when he sends a postcard, so he ....

5 Complète les phrases avec le verbe entre parenthèses au futur ou au présent.

a. When I .... (be) older, I .... (have) a car and I .... (drive) to Rome. **b.** We .... (sail) to the island when the sea .... (be) calmer. **c.** His mother hopes he .... (phone) her as soon as he .... (get) to his destination.

Les roches sédimentaires

LE COURS

Des roches aux sédiments

- Les particules issues de l'érosion participent à la formation du sol.
- Ces particules, en majorité des débris de roches (argiles, sables, graviers), sont transportées par les cours d'eau : une partie se dépose dans le lit des fleuves et forme les **alluvions** ; les particules les plus fines arrivent à la mer. Une partie des matériaux est transportée **sous une forme dissoute**.

Le vent transporte également ces débris, tandis que d'autres particules restent sur place.

- Ce dépôt des matériaux arrachés aux roches est la **sédimentation**.

Des sédiments aux roches sédimentaires

- Une fois déposés, les sédiments s'accumulent en couches successives. Ils s'assèchent en perdant de l'eau pour se transformer lentement en **roches sédimentaires**.
- Le sédiment sableux devient du sable ou du grès.
- Une vase calcaire devient un calcaire. Le mélange de calcaire et d'argile donne une marne.
- Souvent, des coquilles de petits animaux aquatiques s'incorporent dans les roches sédimentaires.

Une falaise : en bas un calcaire jaune, en haut un calcaire beige rosâtre.

1 Le dessin ci-contre représente les méandres d'un fleuve : CV désigne la rive concave du fleuve et CX sa rive convexe.

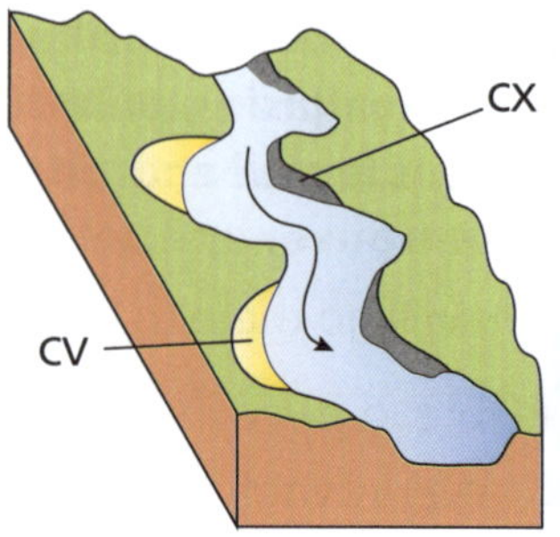

Méandres d'un fleuve.

a. Comment l'écoulement de l'eau explique-t-il que CV a une pente douce et CX une pente abrupte ?

....

....

b. Où se déposent les alluvions : CV ou CX ?

....

2 On appelle « delta » la plaine située à l'embouchure d'un fleuve, comme le delta du Rhône de la carte ci-contre.

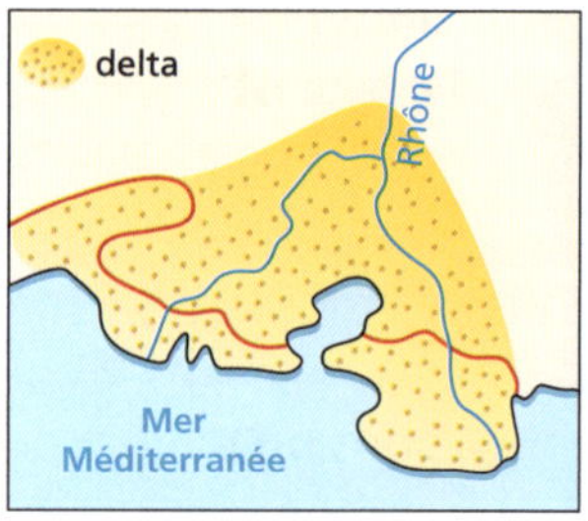

a. Explique l'origine de ce delta.

....

....

b. Le trait rouge est la ligne de rivage supposée il y a 20 siècles : d'où vient cette différence ?

....

3 Le calcaire dissous peut se déposer au plafond des grottes pour former une stalactite. Puis la goutte tombe au sol et forme une stalagmite.

Pourquoi la stalactite grandit-elle plus vite que la stalagmite située en face d'elle ?

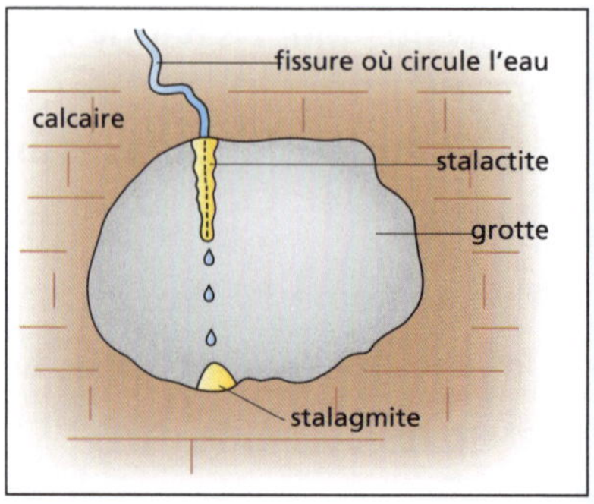

....

....

....

....

....

Les changements d'état d'un corps pur

1 **Quel graphique représente la solidification de l'eau pure ? Quel graphique représente la solidification de l'eau salée ? Pourquoi ?**

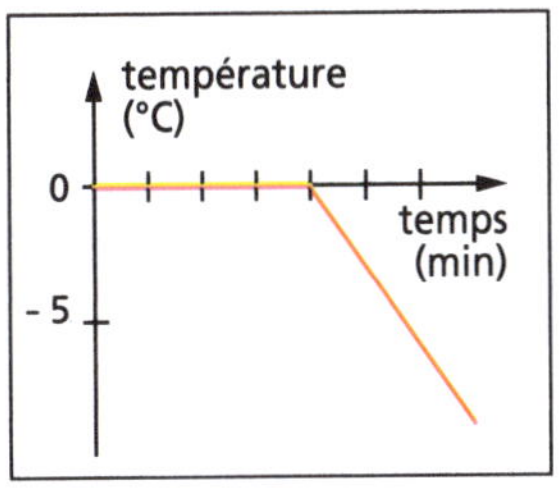

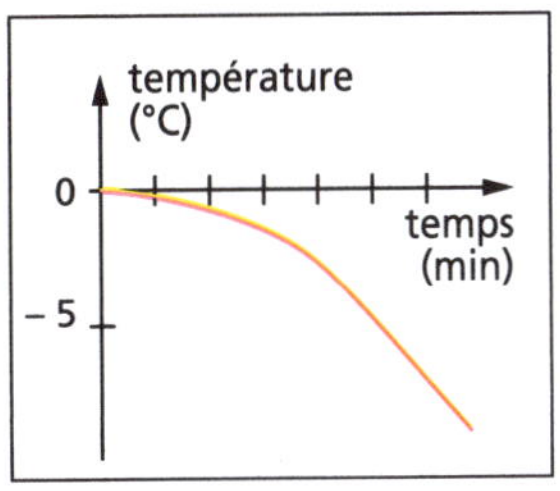

....

....

2 **Lors de la solidification, le volume de l'eau augmente d'environ 10 %. Quel sera le volume de la glace obtenu à partir de 100 cm³ d'eau liquide ?**

....

....

3 Dans un bécher pesant 120 g, on verse 0,5 kg d'eau et on met un glaçon de 1 dg.

a. **Quelle est la masse de l'ensemble ?**

....

b. **La masse changera-t-elle lorsque le glaçon aura fondu ?**

....

4 **Quels sont les états de ces trois corps purs à – 120 °C, – 50 °C, 0 °C, + 50 °C, + 100 °C ?**

	Alcool	Ammoniac	Mercure
Température de fusion	– 117 °C	– 78 °C	– 39 °C
Température de vaporisation	+ 78 °C	– 33 °C	+ 357 °C

....

....

LE COURS

Les états de la matière

L'eau peut se trouver dans les trois états de la matière et passer (réversiblement) d'un état à l'autre.

- **À l'état solide**, l'eau a une forme propre (glaçon). Les molécules d'eau sont « soudées » entre elles, dans un ensemble rigide appelé « réseau cristallin ».
- **À l'état liquide**, l'eau épouse la forme du récipient qui la contient. Les molécules d'eau sont proches les unes des autres et animées de mouvements désordonnés.
- **À l'état gazeux**, l'eau est sous forme de vapeur. Ses molécules s'éloignent les unes des autres et sont en mouvement permanent. Elles occupent tout le volume qu'on leur offre.

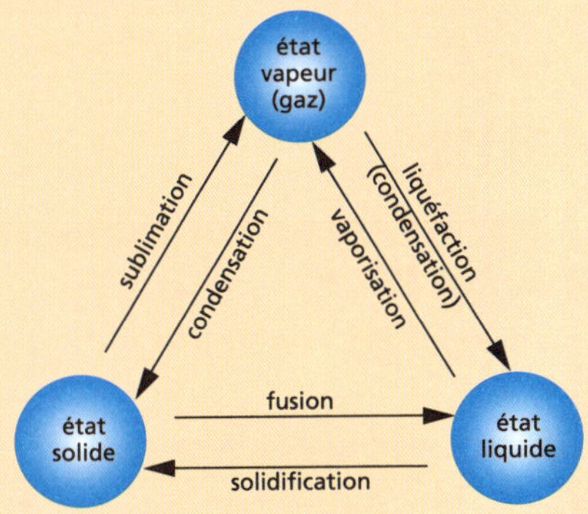

Changement d'état, masse et volume

La masse d'un corps pur ne varie pas lors d'un changement d'état, alors que son volume varie.

Changement d'état et température

Le changement d'état d'un corps pur se fait à température constante. La température de fusion de l'eau pure est 0 °C.
La température de vaporisation de l'eau pure est 100 °C.

Bilan Séquence 10

Pour chaque question, coche la (ou les) bonne(s) réponse(s).
Ensuite, reporte-toi aux corrigés du livret détachable (page 28) et inscris ton score sur 10.

Français

1 La forme correcte au futur simple est :

a. Nous tutoierons le moniteur. ❑
b. Nous tutoyerons le moniteur. ❑
c. Nous tutoirons le moniteur. ❑

2 La phrase correcte est :

a. Si tu m'avais invité, je serai venu ! ❑
b. Si tu m'avais invité, je serais venu ! ❑
c. Si tu m'aurais invité, je serai venu ! ❑

Maths

3 Dans quel cas peut-on construire le triangle *RST* ?

a. $RS = 3$ cm ; $ST = 9$ cm et $RT = 11$ cm ❑
b. $RS = 4$ cm ; $ST = 11$ cm et $RT = 16$ cm ❑
c. $RS = 1$ dm ; $ST = 2$ cm et $RT = 2{,}5$ cm ❑

4 *I*, *P* et *R* sont trois points, avec $IP = 10$ cm, $IR = 8$ cm et $PR = 2$ cm. On peut affirmer que :

a. *I* est sur [*PR*] ❑
b. *P* est sur [*IR*] ❑
c. *R* est sur[*IP*] ❑

5 Quelle est la fréquence du nombre 9 dans la série suivante : 9 – 8 – 10 – 12 – 12 – 11 – 9 – 8 – 10 – 12 – 9 – 8 ?

a. 0,2 ❑
b. 0,25 ❑
c. 3 ❑

6 Dans un club comptant 120 adhérents, il y a 20 % de vétérans. Le nombre de vétérans est :

a. 20 ❑
b. 24 ❑
c. 44 ❑

Anglais

7 What are your plans for tonight?

a. I always go to the cinema. ❑
b. I am going to the cinema. ❑
c. I went to the cinema. ❑

8 La phrase "I'll watch cartoons" à la forme négative est :

a. I won't watch cartoons. ❑
b. I want watch cartoons. ❑
c. I went watch cartoons. ❑

SVT

9 Une marne est :

a. une variété de sable. ❑
b. un mélange de sable et de calcaire. ❑
c. un mélange de calcaire et d'argile. ❑

Chimie

10 Quel intrus s'est glissé dans les états de la matière ?

a. solide. ❑
b. pétillant. ❑
c. gazeux. ❑

Total .... / 10

Achevé d'imprimer par Cayfosa - Impresia Ibérica
Dépôt légal : Avril 2014 - Edition 02 - 16/0816/5